Mein Hobby

Blumensträuße und -gestecke

Bildnachweis

Titelbild u. S. 7: Simon Page-Ritchie/Eaglemoss; S. 9 100 Idées; S. 10 John Suett/Eaglemoss; S. 11 Steve Tanner/Eaglemoss; S. 12 100 Idées; S. 13 Zefa; S. 15 Garden Picture Library; S. 16 Elizabeth Whiting Associates; S. 17 – 18 Modes et Travaux; S. 19 Ariadne Holland; S. 20 Steve Tanner/Eaglemoss; S. 22 Elizabeth Whiting Associates; S. 23 – 26 Elizabeth Whiting Associates; S. 27 – 30 Simon Page-Ritchie/Eaglemoss; S. 31 Elizabeth Whiting Associates; S. 32 Boys Syndication; S. 34 (o.) Elizabeth Whiting Associates; S. 34 (u.) Insight Picture Library; S. 35 Simon Page-Ritchie/Eaglemoss; S. 37 – 38 Simon Page-Ritchie/Eaglemoss; S. 39 Elizabeth Whiting Associates; S. 40 Lamontagne; S. 41 Robert Harding Syndication/IPC Magazines; S. 42 Elizabeth Whiting Associates; S. 44 Elizabeth Whiting Associates; S. 45 – 46 Robert Harding Syndication/IPC Magazines; S. 47 Houses and Interiors; S. 48 Robert Harding Syndication/IPC Magazines; S. 49 100 Idées; S. 50 (o.) Insight Picture Library; S. 50 (Mitte) Insight Picture Library; S. 50 (u.) Lamontagne; S. 51 Garden Picture Library; S. 53 – 55 Steve Tanner/Eaglemoss; S. 56 Elizabeth Whiting Associates; S. 57 Elizabeth Whiting Associates; S. 58 – 60 Steve Tanner/Eaglemoss.

Illustrationen

S. 10 – 11 Elisabeth Dowle; S. 14 Elisabeth Dowle; S. 16 Elisabeth Dowle; S. 18 Elisabeth Dowle; S. 21 – 22 Michael Shoebridge; S. 24 – 26 Elisabeth Dowle; S. 28 – 30 Elisabeth Dowle; S. 33 Michael Shoebridge; S. 36 Elisabeth Dowle; S. 38 Elisabeth Dowle; S. 40 Elisabeth Dowle; S. 42 – 44 Michael Shoebridge; S. 47 Michael Shoebridge; S. 49 Jenny Abbott/Garden Studio; S. 52 Elisabeth Dowle; S. 54 – 55 Michael Shoebridge; S. 58 – 60 Michael Shoebridge

Deutsche Erstausgabe
Titel der Originalausgabe: Creative Crafts for Creative Hands - Fresh Flower Arranging
Aus dem Englischen von Cornelia Eder-Korte

Dieses Buch entstand in Zusammenarbeit mit
CLB Publishing Ltd., Godalming, Surrey
2. Auflage

Textbearbeitung: Dieter Erb
Umschlagfoto: Simon Page-Ritchie/Eaglemoss
Umschlagentwurf und -gestaltung: Werbeagentur Zeuner, Ettlingen
Gesamtherstellung: Proost N.V., Belgien
Printed in Belgium 1996
ISBN 3-8118-4176-9

Mein Hobby

Blumensträuße und -gestecke

Schnittblumen kunstvoll arrangieren

MOEWIG

Inhalt

Schnittblumen vorbereiten

▲ ***Schnittblumen vom Markt** können ein farbenfrohes Wunder bewirken. Nehmen Sie sich einige Minuten Zeit, um einen Strauß zu binden, und Sie werden lange Freude daran haben.*

Ob gekaufte, im Garten gepflückte oder geschenkte Blumen, Sie möchten sicher, daß sie so lange wie möglich frisch bleiben und schön anzusehen sind. Schnittblumen halten sich aber unterschiedlich lange in der Vase: Freesien z. B. ungefähr eine Woche, Nelken bei richtiger Behandlung dagegen bis zu drei Wochen.

Wenn Sie Blumen kaufen oder pflücken, sollten Sie den Unterschied zwischen einer eben erblühten und einer voll erblühten Blume kennen. Aber auch die Art der Vorbereitung und Pflege wird entscheiden, ob sich die Blumen lange halten oder ob sie vorzeitig welken.

Die Techniken sind schnell und mühelos zu erlernen, und es bedarf keiner speziellen Hilfsmittel. Je nach Blumensorte unterscheiden sich die Methoden geringfügig voneinander, sie orientieren sich jedoch alle am gesunden Menschenverstand. Wichtig ist vor allem, daß die Blumen sofort nach dem Kauf oder Pflücken Wasser und Nährstoffe aufnehmen können und daß die Vase immer saubergehalten wird.

Wie Sie Schnittblumen vorbereiten, hängt von der Art des Stengels ab. Der harte, holzige Stengel einer Rose muß z. B. anders behandelt werden als der milchige weiche Stengel von Mohnblumen. Stengel sind entweder holzig, hohl oder milchhaltig, oder sie weisen, wie z. B. die Stengel der Nelken, Blattknoten auf.

tip

Beste Erntezeit
Wenn Sie lieber Blumen aus dem eigenen Garten für Dekorationen verwenden wollen, sollten Sie darauf achten, die Blumen frühmorgens oder abends zu schneiden. Dann enthalten sie nämlich die meiste Feuchtigkeit und bleiben länger frisch.
Verarbeiten Sie die Blumen möglichst sofort nach dem Schnitt (s.S. 10-11).

Stengel anschneiden

Pflanzen schräg an- bzw. zurückschneiden, um eine größtmögliche Oberfläche für die Wasseraufnahme zu erhalten. Im Idealfall sollten die Stengel unter Wasser zurückgeschnitten werden. Sonst Stengel nach dem Schneiden sofort in Wasser tauchen, um Lufteinschlüsse und damit eine unzureichende Versorgung der Blüte mit Wasser zu vermeiden.

Holzige Stengel

Bei Blumen mit holzigen Stengeln (z. B. Rosen, Forsythien) den Stengel am unteren Ende 2,5 cm tief einschneiden. So bleiben sie länger frisch.

Harte Stengel

Blumen mit harten Stengeln (z. B. Chrysanthemen) sind wie solche mit holzigen Stengeln zu behandeln. Die Wasseraufnahme läßt sich aber auch durch „Aufrauhen" des Stengelendes verbessern.

Blattknoten

Die Stengel von Nelken haben Blattknoten, die kein Wasser aufnehmen können. Pflanzen zwischen den beiden untersten Knoten anschneiden.

Zwiebelgewächse

Der weiße untere Teil des Stengels von Zwiebelgewächsen (Tulpen, Lilien, Osterglocken) kann kein Wassser aufnehmen. Man muß ihn daher dort abschneiden, wo das Grün beginnt.

tip

Rosen mit Dornen
Dornige Stengel lassen sich schwer handhaben und stecken. Floristen benutzen einen speziellen Entdorner; eine normale scharfe Schere tut es aber auch. Mit der Schneide am Stengel entlangfahren.

Holzige/harte Stengel
Beispiele: Rosen, Forsythien, Chrysanthemen

Stengel mit Blattknoten
Beispiel: Nelken

Zwiebelgewächse
Beispiele: Iris, Tulpen, Hyazinthen, Lilien, Osterglocken

Hohle Stengel

Rittersporn, Lupinen und Dahlien haben hohle Stengel. Blume umdrehen, Stengel ganz mit Wasser füllen und dann in Wasser stellen.

Milchhaltige Stengel

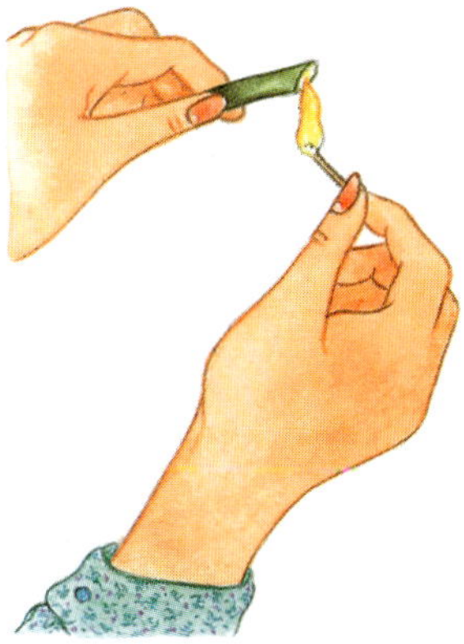

Einige Pflanzen wie Euphorbien und Weihnachtssterne sondern an der Schnittfläche eine Art Milch (Latex) ab. Dies läßt sich verhindern, indem der abgeschnittene Stengel kurz angesengt und dann in kaltes Wasser getaucht wird.

„Abkochen“

Statt die Stengel anzusengen, können sie in kochendes Wasser gehalten werden. Holzige Stengel (Rosen, Flieder) werden weicher und können besser Wasser aufnehmen. Blüten vorsichtig mit einem Tuch oder einer Papiertüte vor dem Dampf schützen. Abgeschnittene Stengel eine Minute lang 2,5 cm tief in kochendes Wasser halten und dann einige Stunden in kaltes Wasser stellen.

Blätter entfernen

Entfernen Sie Blätter, die in der Vase unter Wasser liegen würden – sie würden bald faulen und so nicht nur das Wasser schal werden lassen, sondern auch die Wirkung des Gestecks beeinträchtigen.
Die Blätter von Dahlien und Flieder wirken unschön und entziehen den Blumen Wasser. Bei Chrysanthemen und Lilien sterben die Blätter vor den Blüten ab und könnten daher den schönen Anblick des Gestecks verderben. Entfernen Sie diese Blätter.

Hohle Stengel
Beispiele: Rittersporn, Dahlien, Lupinen

Milchhaltige Stengel
Beispiele: Euphorbien, Weihnachtssterne, Mohnblumen

Luft entfernen

Bei einigen Blumen (Tulpen, Schlüsselblumen) kann Luft im Stengel die Wasseraufnahme erschweren. Die Luftblasen lassen sich durch Einstechen mit einer Nadel direkt unterhalb der Blütenköpfe entfernen.

Wässern

Nachdem die Blumen entsprechend vorbereitet sind, müssen sie viel Wasser aufnehmen.
Stengel für mehrere Stunden oder am besten über Nacht in ein hohes Gefäß mit viel Wasser stellen. Sie sind dann vollgesogen und lassen sich nun stecken.

Stengel aufrichten

Die Stengel einiger Blumen (Tulpen, Anemonen) strecken sich nach dem Anschneiden und neigen sich zum Licht hin. Dies kann bewußt eingesetzt werden; sie bleiben aber gerade, wenn sie in Zeitungspapier gewickelt und mehrere Stunden in viel Wasser gestellt werden.

Staubblätter entfernen

Der orangefarbene Blütenstaub von Lilien kann häßliche Flecken hinterlassen. Da sich dieser natürliche Farbstoff nur schwer entfernen läßt, sollten die Staubblätter als erstes abgeschnitten werden.

Dem Welken vorbeugen

Einige Blumen, z. B. Rosen, welken sehr schnell. Sie müssen dann zurückgeschnitten und in eine tiefe Vase mit lauwarmem Wasser oder eine Minute lang 2,5 cm tief in kochendes Wasser gestellt werden. Achten Sie darauf, daß die Blüten geschützt sind. Anschließend müssen die Blumen viel Wasser aufnehmen. Alternative: Stengel kürzen und ganze Blume einige Stunden in lauwarmes Wasser tauchen. Letzteres gilt auch für Hortensien, Veilchen und die meisten Blattpflanzen.

Nützliche Tricks

Es gibt mehrere Tricks, um Schnittblumen länger frisch zu halten. Füllen Sie besonders bei „durstigen" Blumen (Tulpen, Lilien, Anemonen) täglich Wasser nach. Bei Verwendung von Mosy soviel Wasser zugeben, bis überschüssiges Wasser in die Schale fließt.

Wasser alle drei bis vier Tage oder bei Zugabe von Dünger einmal pro Woche wechseln. Dabei jedesmal das Gefäß reinigen, um Fäulnisbildung vorzubeugen. Dünger für Schnittblumen ins Wasser geben. Die Düngerkarten enthalten zusätzlich ein bakterienabtötendes Mittel. Statt Wasser kann auch Limonade verwendet werden: Zitronensäure tötet Bakterien ab, und Zucker ist Nährstoff für die Pflanzen. Einige Tropfen Bleichmittel und eine Prise Zucker haben im übrigen die gleiche Wirkung.

Gestecke nie direkter Wärme (Heizung), Zugluft (Fenster, Lüfter) und direktem Sonnenlicht aussetzen.

Hortensien, Veilchen, Rhododendron und dünnblättrige Pflanzen wie Farne müssen im Sommer oder in beheizten Räumen mit Wasser besprüht werden. Denken Sie dabei an Ihre Möbel. Die Stengel lange frisch bleibender Blumen (Chrysanthemen, Rosen) alle paar Tage zurückschneiden. Abgestorbene oder verfärbte Blüten und Blätter entfernen.

Bunte Frühlingssträuße

▲ *Duftender Strauß*
Freesien schenken einem Tulpenstrauß Frühlingsduft.

Nach den dunklen Wintertagen, an denen im Garten kaum etwas blüht und Schnittblumen teuer sind, läßt die Ankunft des Frühlings aufatmen. Die Läden locken mit günstigen, farbenfrohen Osterglocken und Tulpen und teureren, aber haltbareren und duftenden Hyazinthen. Was spricht also gegen ein paar bunte Frühlingssträuße, die sich je nach Geschmack mit Vergißmeinnicht, Efeublättern und Weiden- oder Forsythienzweigen kombinieren lassen?

Tulpen und Freesien

Gelbe und violette Farbtöne harmonieren nicht immer, aber in diesem Fall bilden zartgelbe Freesien und violette Tulpen einen angenehmen Kontrast, der durch das Grün der Tulpen einen Hauch von Kühle erhält. Freesien gibt es das ganze Jahr über, doch wegen ihrer zarten Farben und ihres Dufts eignen sie sich besonders für Frühlingssträuße. Statt gelber Freesien passen auch weiße oder lavendelblaue sehr gut zu violetten Tulpen.

Für einen festlichen Strauß bieten sich verschiedenfarbige Freesien und leuchtendrote und gelbe Tulpen oder verschiedenfarbige Tulpen aus dem Garten an. Gefüllte oder Papageientulpen sind teurer und müssen vielleicht sogar extra bestellt werden, dafür ergeben sie dann aber einen ausgefallenen Tischschmuck. Als Vase eignet sich ein schlichter Keramiktopf. Sie können aber auch eine weiße Auflaufform oder eine flache runde Schale verwenden. Achten Sie darauf, daß der Strauß von allen Seiten gleich schön anzusehen ist.

tip

Freesien
Sie halten sich länger frisch, wenn beim Kauf nur die untersten Knospen geöffnet sind und sich die anderen gerade erst färben.

Festliches Frühlingsgesteck

Dieses Arrangement in Form eines zum Betrachter hin orientierten Dreiecks besteht aus Osterglocken und Narzissen, orangefarbenen und gelben Tulpen, weißen Freesien und Hyazinthen, Forsythien, verschiedenfarbigen Zweigen von Spindelbaum, Erle, Liburnum tinus und rotblättriger Berberitze. Außer Erlen-, Berberitzen- und Spindelbaumzweigen erhalten Sie alle anderen Pflanzen im Blumengeschäft. Ersatzweise eignen sich auch Korkenzieherhaselnuß und Eukalyptus gut. Wenn Sie nur Osterglocken oder nur Narzissen bekommen können, so kaufen Sie statt dessen ein paar preiswerte gelbe oder weiße Tulpen.

Wer einen Garten besitzt, kann zusätzlich Berberitzen-, Efeu- oder Ölweidenzweige verwenden. Wenn Sie es exotisch lieben, ersetzen Sie die Forsythien durch Quitten- oder Kamelienzweige mit weißen oder orangenen Blüten. Für dieses zum Betrachter hin orientierte Arrangement wurde ein schlichter runder Topf verwendet. Das Mosy wurde beschwert, damit das Gesteck nicht umkippt.

Ein Dreieck bildet die Grundform

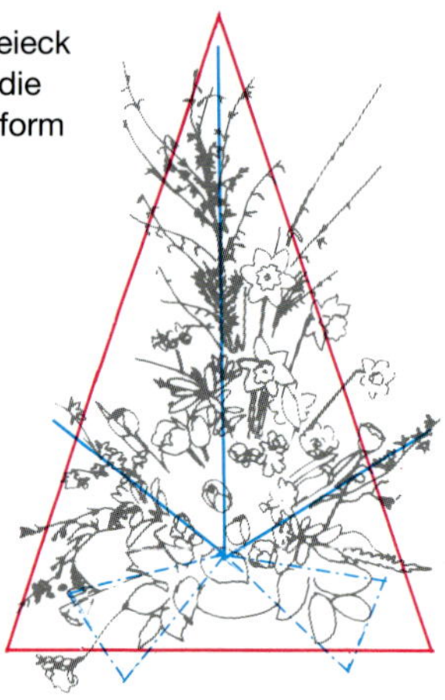

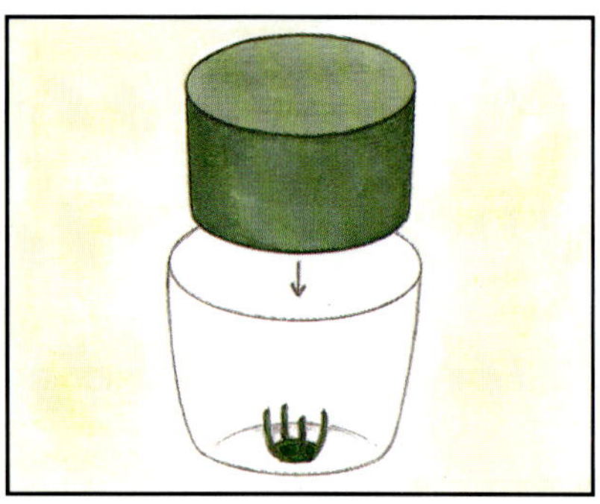

1 Vorbereitung: Benutzen Sie den Topf als Form, indem Sie ihn in Mosy drücken und dieses dann passend zurechtschneiden. Mosy sich mit Wasser vollsaugen lassen und anschließend mit Hilfe von Oasis und einem Pinholder oder Blumenigel, den Sie bei Ihrem Floristen bekommen, im Topf befestigen.

2 Stecken des „Rahmens": Zwei lange Forsythienzweige so in die Mitte stecken, daß sie leicht seitlich abstehen. Ein etwas kürzerer Erlen- und zwei Berberitzenzweige davor stecken. An jeder Seite zwei weitere, kürzere Forsythienzweige seitlich abstehend anordnen sowie jeweils einen Erlen- und einen Berberitzenzweig, die leicht nach unten zeigen sollen.

3 Blattwerk: Als nächstes werden die Blätter gesteckt. Zwei kleine Lorbeerzweige so in die Mitte stecken, daß sie gleichzeitig den Rand bedecken. Drei Spindelbaumzweige, die halb so hoch sein sollen wie die Forsythien, in Form eines Dreiecks anordnen.

4 Osterglocken und Tulpen: Sechs Osterglocken und Narzissen sowie zwei gelbe Tulpen auf verschiedene Längen kürzen; die beiden längsten in der Mitte, die anderen in Form eines Dreiecks seitlich nach außen zeigend anordnen. Stecken Sie von der Mitte ausgehend parallel zum linken Forsythienzweig eine Diagonale aus sechs orangenen Tulpen. Sechs gelbe Tulpen rechts gegengleich anordnen.

5 Der Blickfang: Zwei Hyazinthen rechts von der Mitte anordnen. Vier Freesien auf verschiedene Längen kürzen und die beiden längsten so stecken, daß die unterste den Tisch berührt und die andere eben darüber schwebt. Die Blüten der dritten Freesie sollen auf dem Rand aufliegen, und die vierte soll die Hyazinthen berühren. Vom Mosy darf nichts zu sehen sein.

▲ *Festlich frisch*
Dieses Arrangement ist in Form eines Dreiecks gesteckt, d. h., die meisten Blumen und das Grün bilden Dreiergruppen.

Kranz aus Gartenblumen

Dieser Kranz steht ganz im Zeichen des Übergangs vom Winter zum Frühling: Hier treffen die letzten Schneeglöckchen und Christrosen auf die ersten Hyazinthen und Traubenhyazinthen. Sie können diese Komposition ganz in Weiß halten oder rosafarbene Hyazinthen verwenden. Wenn Sie keine Christrosen im Garten haben, kaufen Sie ersatzweise weiße oder blaue Anemonen. Schneiden Sie einige Efeu- und Schlüsselblumenblätter im Garten oder von Zimmerpflanzen ab; kaufen Sie Topfblumen, und schneiden Sie auch davon ein paar Zweige oder Blätter ab.

Zum Stecken benötigen Sie eine ringförmige Vase oder einen entsprechenden Steckring, den Sie bei Ihrem Floristen bekommen. Diese Ringe sind sehr preiswert und in verschiedenen Größen erhältlich.

► ***Violett und Weiß***
Hyazinthen und Schneeglöckchen bilden einen duftenden Tischschmuck.

Bei Schnittblumen beachten:
Gekaufte Schnittblumen sofort zurückschneiden und mehrere Stunden in Wasser stellen. Bei Zwiebelgewächsen (Tulpen, Osterglocken) weiße Enden an den Stengeln abschneiden, sonst können sie kein Wasser aufnehmen. Geben Sie dem Wasser einige Tropfen Bleichmittel zu, dadurch bleibt es klar, und die Blumen bleiben länger frisch.

1 Vorbereitung:
Steckring sich mit Wasser vollsaugen lassen oder ringförmige Vase fast bis zum Rand mit Wasser füllen. Efeuzweige und Pelargonien- oder Schlüsselblumenblätter so anordnen, daß sie die Ränder bedecken.

2 Hyazinthen:
Stengel auf Vasengröße kürzen und vier Hyazinthen in gleichmäßigem Abstand anordnen.

3 Füllen der Zwischenräume:
Die Zwischenräume mit Sträußchen aus Traubenhyazinthen und Schneeglöckchen füllen.

4 Vollenden:
Zuletzt Sträußchen aus zwei, drei Christrosen in den Kranz stecken; Lücken mit den restlichen Christrosen füllen.

Arrangements mit Blumen und Obst

Ein buntes Arrangement aus Früchten der Saison, Blumen und Zweigen aus dem Garten ist ein bezaubernder Anblick. Es ist obendrein preiswert, da Sie wenige Blumen benötigen, die Zweige nichts kosten und die Früchte gegessen oder, wenn es künstliche sind, wiederverwendet werden können. Den Kombinationsmöglichkeiten sind keine Grenzen gesetzt; nehmen Sie sich Zeit und probieren Sie mehrere „Zutaten" aus.

Das Obst

Sie können frisches oder künstliches Obst oder auch beides wählen. Künstliche Früchte wie Weintrauben eignen sich möglicherweise besser für ein Arrangement, das länger halten soll. Achten Sie darauf, daß Sie eine gute Imitation verwenden. Bei frischem Obst wie Äpfeln sollten Sie einwandfreie, gerade eben reife Früchte wählen.

Sie können natürlich auch verschwenderisch sein und ein oder zwei exotischere Früchte wie Granatäpfel dazunehmen, die Sie in großen Supermärkten oder beim Obsthändler bekommen.

▲ **Geschmackvolle Dekoration**
Obst, Blumen und Zweige bilden einen schönen Kontrast und eignen sich daher sehr gut als eindrucksvoller Tischschmuck.

Die Blumen
Das Beispiel zeigt eine entzückende Kombination aus Garten- und gekauften Blumen: Hortensien, Rainfarn, einige große Chrysanthemen vom Gärtner und kleinere Chrysanthemenzweige. Die großen Chrysanthemen lassen sich durch Dahlien oder Gerbera, die kleinen durch Nelken und der Rainfarn durch Schafgarbe ersetzen.

Als Kontrastelement dient getrockneter Geißbart, getrocknete oder frische Buddleia tut es aber auch. Das überwiegende Gelb der Blumen bildet hier einen schönen Kontrast zu den Früchten.

Das Grün
Bei der Wahl des Grüns kommt es auf eine gute Mischung aus Farben, Formen und Zeichnung der Blätter an.

In unserem Beispiel sorgen glänzende Lorbeer- und Cotoneasterblätter für den grünen Rand, Mahonien- oder Stechpalmenzweige eignen sich jedoch genauso gut. Sie können zwar auch Eukalyptuszweige oder Farn vom Gärtner verwenden, doch sollten Sie auf jeden Fall einige „natürliche" Blätter, z. B. wilden Efeu oder einige Ligusterzweige, hinzufügen. Das Grün muß vor dem Verwenden gewaschen und getrocknet werden.

Die Schale
Für dieses Arrangement wurde eine Plastikschale in eine flache Glasschale mit Fuß gesetzt. Eine Kuchenplatte mit Fuß würde es jedoch auch tun. Wählen Sie unbedingt ein Gefäß mit Fuß, da es sehr schön aussieht, wenn Zweige oder Früchte über den Rand hängen; bei Gefäßen mit hohem Rand ist eine andere Art der Anordnung gefragt. Als Materialien eignen sich schlichtes Glas, Porzellan, Ton oder Holz; verzichten Sie jedoch auf sehr schmuckvolle Gefäße, da diese mit dem Inhalt konkurrieren würden.

Sonstiges
Sie benötigen darüber hinaus ein Stück **Mosy,** das sich zuvor mit kaltem Wasser vollgesogen haben sollte, **Oasis** (eine klebrige, tonartige Substanz, die als Rolle erhältlich ist) und einen **Pinholder,** auf den das Mosy gesteckt wird. Diese Artikel hält Ihr Florist für Sie bereit. Es gibt auch spezielle Plastikschalen und Blumendraht zu kaufen, in diesem Fall reichen jedoch eine flache leichte Schale und Zahnstocher statt Draht.

▲ ***So wird die Schale aussehen:***
Die flache Schale mit dem Mosy wird nachher vollkommen verdeckt sein.

SO WIRD'S GEMACHT

1 **Vorbereitung:** Plastikschale mit etwas Oasis in der Mitte der Glasschale befestigen. Um einen Pinholder zu befestigen, ist etwas mehr Oasis erforderlich. Mosy zurechtschneiden, sich mit Wasser vollsaugen lassen und auf den Pinholder stecken.

2 **Der grüne Rand:** Mit den verschiedenen Blättern und Zweigen rings um die Schale einen „Kragen" bilden. Vorne soll das Grün über den Rand der Schale nach unten hängen und hinten hochstehen. Befestigen Sie einige Blätter mit etwas Oasis direkt an der Schale.

3 **Anordnen der Früchte:** Ein Bund Trauben in das Mosy stecken und mittels Zahnstochern oder U-förmig gebogenem Draht fixieren. Ein zweites Bund Trauben etwas über den Rand hängen lassen. Drei Äpfel in die Schale und einen Apfel zwischen die Trauben legen und u. U. mit Oasis fixieren.

4 **Anordnen der Blumen:** Zwei große Chrysanthemen auf 5 cm kürzen und je eine rechts und links von der mittleren Traube leicht geneigt anordnen. Zwischen die Trauben eine Hortensie stecken, deren Blüten fast das Mosy berühren sollten. Hier und da mit kleinen Blumen die Lücken füllen.

Osterblumen

▲ Tulpen und Blütenzweige
Zartrosa Tulpen, weiße Hyazinthen, Traubenhyazinthen und blühende Apfelzweige – mit Vase in einen Weidenkorb gestellt, ergeben sie einen entzückenden Osterstrauß.

Ostern ist eine wundervolle Zeit für frische Blumen. Osterglocken und Tulpen sind fast überall erhältlich, und zusammen mit Knospen und Grün aus dem Garten lassen sich bezaubernde Arrangements zusammenstellen, die nicht die Welt kosten. Auch lädt diese Zeit des Jahres ein, das Heim einmal mit ganz anderen Sträußen zu schmücken (vgl. nächste Seiten). Trockenblumengestecke lassen sich z. B. mit Papierblumen „auffrischen". Letztere sind in sehr wirklichkeitsgetreuen Farben, Formen und Größen erhältlich und sehen daher fast aus wie richtige Blüten. Auf den nächsten Seiten wird Schritt für Schritt erklärt, wie Sie einen bezaubernden Blickfang für den Eingangsbereich Ihres Heims schaffen, der viel Bewunderung ernten wird.

Die Grundlage des Straußes auf S. 20 bilden getrocknete Kapseln von Mohnblumen, Trockenblumen und Gräser; die Trocken- und Papierblumen wurden jedoch so ausgewählt, daß diese Komposition zu allen Jahreszeiten und Einrichtungsstilen paßt. Wählen Sie unbedingt auch eine zum Strauß passende Vase, denn nichts sieht schlechter aus, als wenn die Proportionen von Strauß und Vase nicht stimmen.

Ein solches Arrangement läßt sich selbstverständlich beliebig oft umgestalten. Wenn Sie z. B. nach Ostern einen einfacheren Strauß wünschen, stellen Sie die Iris aus Papier einfach in eine hohe Vase und bewahren den Rest für später in einer Schachtel auf. Das Gesteck auf Seite 22 ist durch die Eier in den Keramikschälchen zu einem entzückenden Tischschmuck für Ostern geworden. Dieses nur für wenige Stunden gedachte Arrangement ruht auf mit Moos gefüllten Tellern oder Untertellern und läßt sich daher nicht transportieren. Vergessen Sie nicht, Ihre Tischplatte vor Wasserflecken zu schützen.

SO WIRD'S GEMACHT

Dieser entzückende Blickfang besteht aus lange haltbaren Papierblumen, Trockenblumen und Gräsern. Gekaufte Papierblumen müssen häufig zuerst noch auseinandergefaltet werden. Stimmen Sie die Farbe von Vase und Pflanzenmaterial sorgfältig auf die Umgebung ab, in der der Strauß stehen soll.

▲ Perfektion in Papier
Dieser wunderschöne Strauß aus Papier- und Trockenblumen wird noch nach Monaten frisch aussehen. Er braucht kein Wasser, und nur hin und wieder muß vielleicht einmal eine Blume neu gesteckt werden.

Materialien

6 Iris aus Papier, 1 gelbe, 1 weiße und 4 blaue
1 Heckenrose aus Papier, weiß
1 Mohnblume aus Papier, gelb
1 Teerose aus Papier, weiß
2 Löwenmäulchen aus Papier, blau
6 getrocknete Kapseln von Mohnblumen
10 getrocknete Blütenköpfchen von Schafgarbe
Bündel getrocknete Süßgräser
Bündel getrocknete Fuchsschwanzgräser
Drahtschere
Vase und **Mosy** (gleich hoch wie Vase)

1 **Vorbereitung:** 1 Stück trockenes Mosy in die Vase stellen; das Mosy muß dabei bis zum Rand der Vase reichen. Die Gräser so stecken, daß der Strauß höchstens zweimal so hoch ist wie die Vase.

2 **Anordnen der Iris:** Iris stecken. Stengel mit einer Zange oder Drahtschere auf die gewünschte Länge kürzen. Stengel und Blätter leicht biegen und abstellen, um dem Strauß ein natürlicheres Aussehen zu verleihen. Blumenblätter in die gewünschte Form zupfen.

3 **Weitere Papierblumen hinzufügen:** Weiße Rosen, gelben Mohn und blaue Löwenmäulchen wie dargestellt hinzufügen, Stengel ebenfalls kürzen und biegen, Blumenblätter zupfen und darauf achten, daß die Blumen fest im Mosy stecken.

4 **Fertigstellen des Straußes:** Nachdem alle Papierblumen angeordnet sind, zwischen die Blüten Mohnkapseln und Schafgarbe stecken, wobei auf Ausgewogenheit des Straußes zu achten ist. Nach Belieben lassen sich jetzt noch weitere Gräser hinzufügen.

ZAUBERHAFTER OSTERSCHMUCK

Materialien

Kirsch- und Apfelblütenzweige
Sträußchen von Traubenhyazinthen, Primeln und Anemonen
Moos
Efeuzweige
Wachteleier
Drei Untertassen und passende Stücke Mosy
Blumendraht und zwei Keramikschälchen

Ein schöner Tischschmuck macht Ostern noch festlicher. Dieses hübsche Frühlingsgesteck mit Blumen aus dem Garten und halbversteckten Schätzen in Form von Eiern wird besonders Kinder freuen. Statt Wachteleier in Keramikschälchen können Sie auch gefärbte Hühnereier oder Zucker- bzw. Schokoladeneier nehmen. Legen Sie vor Arbeitsbeginn ein Stück Plastikfolie unter das Gesteck, um Ihren Tisch zu schützen.

1 **Vorbereitung:** In der Tischmitte drei Untertassen im Abstand von rund 20 cm nebeneinander stellen. Jede Untertasse mit einem mit Wasser vollgesaugten Stück Mosy versehen und bis zum Rand mit Wasser füllen.

2 **Blumen und Zweige anordnen:** Mosy so mit den Pflanzen bedecken, daß sie wie im Garten kleine Gruppen bilden. Eine asymmetrische Wirkung läßt sich erzielen, indem mit der letzten Untertasse begonnen und zur Mitte hin gearbeitet wird. Mit Moos zwischen den Untertassen lassen sich Höhe und Form variieren.

tip

Die Blumen bleiben frisch, wenn sie ins feuchte Mosy gesteckt werden.

3 **Kleine Blumentöpfe hinzufügen:** Töpfe auf die Seite legen, in eine Richtung schauen lassen, mit Moos fixieren und mit Blumen und Eiern füllen.

4 **Fertigstellen:** Eventuelle strenge Linien mit Efeuranken auflockern. Überstehende Plastikfolie unter das Arrangement schieben oder mit Efeu bedecken.

▼ ***FEIERlich***

Die Eier sind in diesem unglaublich schnell und einfach herzustellenden feierlichen Ostergesteck das i-Tüpfelchen.

Frühlings- und Sommerfarben

Für Liebhaber von Blumenarrangements ist das Schönste am Frühling und Frühsommer der schier unerschöpfliche Reichtum an Möglichkeiten und Materialien. Der Garten hält Blumen und Blattpflanzen bereit, und sie zu pflücken nutzt auch dem Garten. Werden z. B. Rosen und Wicken regelmäßig abgeschnitten, so entwickeln sie um so mehr Blüten. Blattpflanzen oder blühende Büsche werden durch häufigeres Beschneiden dichter und schöner und liefern gleichzeitig Material für Ihre Blumenarrangements.

Zum Frühling und Sommer hin sinken die Preise in den Blumenläden, und gleichzeitig nehmen Vielfalt und Farben zu. Die große Auswahl günstiger Blumen und Blattpflanzen erlaubt es Ihnen, üppige und ausgefallene Arrangements zusammenzustellen, die weder zu anspruchsvoll noch zu extravagant wirken. Das einzige Problem könnte die Qual der Wahl sein!

Die Farbe Rosa

Einfarbige Arrangements sind eine Augenweide, die sich ohne große Mühe herstellen läßt. Dadurch kommt auch die Formenvielfalt der Blumen zur Geltung, die in mehrfarbigen Sträußen sehr leicht untergeht. Das abgebildete Arrangement in Rosatönen erhält durch die Topfazalee größere Fülle und Abwechslung in der Form.

Mit Blüten und Blättern von Topfpflanzen lassen sich große Gefäße gut füllen, und es müssen so nicht alle Pflanzen aus dem Garten stammen.

▲ ***Ton in Ton***
Dieses rosafarbene Arrangement gruppiert sich um eine Topfazalee.

Blumen und Blattpflanzen

Sie benötigen eine blühende Topfazalee, drei oder vier Hyazinthen, Amaryllis, Papageientulpen und einige einzelne Tulpen. Als Grün eignen sich Blätter von Tulpen und Viburnum tinus sowie Dill.

Materialien

Für das Arrangement benötigen Sie eine Schale, in der ein Topf mit einer Azalee Platz hat, sowie feines Drahtgeflecht und eine Plastiktüte.

1 Azaleentopf in einer Plastiktüte (zum Schutz vor Wasserflecken) leicht versetzt in eine Schale stellen; falls er zu tief steht, Drahtgeflecht darunterlegen. Die übrige Schale ganz mit zusammengeknülltem Drahtgeflecht und anschließend mit Wasser füllen, das aber nicht überlaufen darf.

2 Tulpenstengel kürzen und Blätter entfernen. Unteren weißen Teil des Stengels abschneiden. Geflecht vollständig mit Blättern von Tulpen und Viburnum tinus sowie Dill abdecken. Von außen nach innen ein niedriges „Gerüst“ gestalten, das nur ungefähr 5 cm höher als der Schalenrand und doppelt so breit wie die Schale sein sollte.

3 Weiße Enden an den Hyazinthenstengeln abschneiden und neben der Azalee anordnen. Auf verschiedene Längen gekürzte Papageientulpen locker zusammengefaßt auf der anderen Seite der Azalee anordnen. Zwischen beide einzelne Tulpen stecken. Es ist einfacher, wenn Sie die Blumen einzeln stecken. Zuletzt die Amaryllis sehr niedrig und zum Rand hin anordnen.

Verschwenderisch und kühl

Königliches Purpur und kühles, reines Weiß bilden bei diesem runden, niedrigen Gesteck eine Einheit, die sich ideal als Tischschmuck eignet.

Blüten und Blattwerk

Ein Sträußchen Amaryllis, kleine Glockenblumensträußchen, drei oder vier Anemonen, Jasmin, Blüten und Blätter von Deutzie und Schneeball sowie Efeu bilden hier die Hauptelemente; von Jasmin, Deutzie und Schneeball werden jedoch nur winzige Zweige benötigt. Einige Pflanzen können Sie auch durch andere ersetzen oder ganz weglassen und dafür mehr von den übrigen verwenden. Selbst Zweige von gewöhnlichen Sträuchern (z. B. Liguster, Berberitze, Eibe) sehen hübsch aus.

Materialien

Eine blau-weiße oder schlicht weiße flache Schale, ausgefüllt mit feinem Drahtgeflecht.

▲ Ein Hauch von Purpur
Einige prächtige weiße Amaryllisblüten ziehen bei diesem Gesteck die Blicke auf sich. Für den Kontrast und aufgelockerte Konturen sorgen violette und weiße Anemonen sowie Efeu. Sie können nach Belieben auch andersfarbige Blumen verwenden.

1 Drahtgeflecht leicht zu einem Ball zusammenknüllen, in die Schale legen und diese zu 3/4 mit Wasser füllen. Tracheliumstengel vorsichtig kürzen und so in die Schale legen, daß sie mit dem Rand abschließen. Ihre flachen Blüten werden den anderen Pflanzen Halt geben.

2 Die Stengel der übrigen Blumen nicht ganz so stark kürzen, damit die Blüten auf dem Trachelium ruhen können. Die Schale dann ungefähr zur Hälfte dicht mit weißen Anemonen füllen, wobei eine kleine Kuppel entstehen sollte, d. h., in der Mitte sind mehr Anemonen vorzusehen als am Rand.

3 Ein Viertel dicht mit purpurfarbenen Anemonen und Glockenblumen und das zweite Viertel mit weißen Amaryllis gestalten. Mit Zweigen von Schneeball, Jasmin, Efeu und Deutzie oder Ähnlichem lassen sich kontrastreich Lücken füllen und Konturen auflockern. Achten Sie auch hier wieder darauf, daß das Gesteck zur Mitte hin etwas höher wird.

tip

Pflücken von Glockenblumen
Glockenblumen so pflücken, daß immer der untere weiße Teil des Stengels stehen bleibt, damit die Kraft für die Blüte im nächsten Jahr in die Zwiebel ziehen kann.

tip

Frisches Aussehen
Azaleen bleiben frisch, wenn sie kühl stehen und täglich leicht besprüht werden.

Sommerliche Symmetrie

Dieses Gesteck in Form eines gleichseitigen Dreiecks spiegelt die ganze verschwenderische Fülle des Sommers wider. Die dominierenden Rosatöne werden durch rote Löwenmäulchen und kirsch- sowie orangefarbene Celosia belebt. Diese intensiven Farben verleihen dem flachen, betrachterorientierten Gesteck den Eindruck von Tiefe. Blätter und Blüten, die die Kommode berühren bzw. über ihren Rand hängen, vervollständigen den hübschen Anblick.

Blüten und Blattwerk

Dieses Gesteck besteht aus Lilien, Azaleen- und Ebereschezweigen, Phlox, Löwenmäulchen, Celosia, einigen Nelken, Rosen mit großen Blüten und verschiedenen anderen Rosen.

Materialien

Sie benötigen einen mit Kunststoff ausgekleideten Weidenkorb, Mosy, etwas Oasis und einen Pinholder.

1 Etwas Oasis auf den Boden des Korbes legen, Pinholder hineindrücken und dann das Mosy auf dem Pinholder befestigen. Höhe und Breite mit drei gleich langen Ebereschezweigen festlegen. Ähnlich langen Phlox und Löwenmäulchen hinzufügen und Gesteck aufbauen.

2 Große Rosen senkrecht in der Mitte (von der Höhe her sollten sie 2/3 der Eberesche ausmachen) und darunter eine Reihe aus Azaleenzweigen anordnen. Celosia kürzen und mit ihr ein dichtes diagonales Band bilden. Auch hier ist es wieder einfacher, wenn Sie die Blumen einzeln stecken.

3 Der verbleibende Raum innerhalb des imaginären Dreiecks wird mit Lilien, kürzeren Ebereschezweigen, Phlox, Löwenmäulchen, Nelken und den restlichen Rosen gefüllt, wobei das Arrangement zur Mitte hin dichter werden sollte. Halten Sie die äußeren Konturen unscharf, und lassen Sie einige Blumen zur Seite schauen.

Tischgirlanden

Diese entzückende Blumengirlande eignet sich als eindrucksvoller Tischschmuck für besondere Gelegenheiten. Mit Hühnerdraht und Moos ist diese Girlande erstaunlich leicht herzustellen. Wählen Sie Blumen der Saison, so daß Sie entweder nur zwei oder drei Farbtöne benutzen – wie hier cremefarben und gelb – oder die ganze Palette fröhlicher Sommerfarben.

Materialien
Hühnerdraht (mindestens 1,75 m × 30 cm)
Langes **Seil**
Drahtschere
Ausreichend **Moos** für eine Rolle von 1,75 m Länge und rund 10 cm Breite
Blumendraht (75 cm)
Weißes **Floristenband** (18 m lang, 5 cm breit)
Zerstäuber
Große Blüten wie **Amaryllis**
3 Zweige mit mittelgroßen Blüten wie **gelbe Lilien** – Lilium hollandicum
Kleinere Blumen wie **2 Zweige weißer Chrysanthemen** und **2 Zweige** zartgelber **Spinnenchrysanthemen**
Mittelgroßes Grün wie **bunter Spindelbaum** und **Eukalyptus** oder **Zweige** von Apfel- und Kirschbäumen
Kleine Blätter wie **Efeu** und **Cotoneaster horizontalis**

▲ ***Blumenübersäte Girlande***
Besonders effektvoll wirkt eine solche Girlande, wenn Sie sich auf wenige Farbtöne beschränken und sie farblich auf das Zimmer, die Tischdecke oder bei einer Hochzeit auf den Brautstrauß abstimmen.

SO WIRD'S GEMACHT

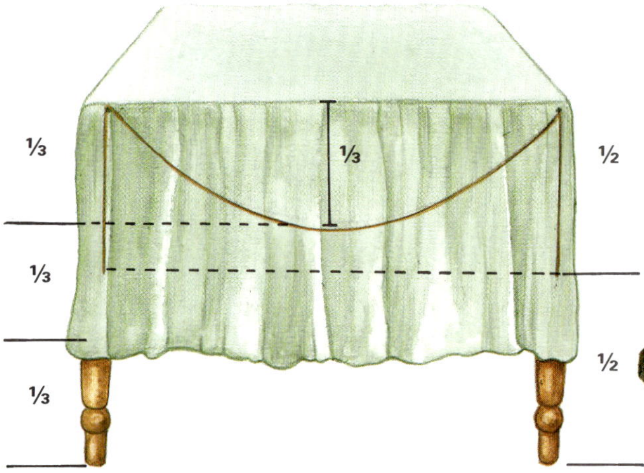

1 Tisch ausmessen: Vorgesehene Tischdecke auflegen und Abstand zwischen Tischplatte und Boden ausmessen. Maße halbieren und dritteln. Mit Hilfe eines Seils Länge der Girlande berechnen. Seil so an den Ecken des Tisches befestigen, daß die Enden um die Hälfte und die Spitze des Bogens um ein Drittel der Tischhöhe herunterhängen. Befestigungspunkte auf dem Seil markieren.

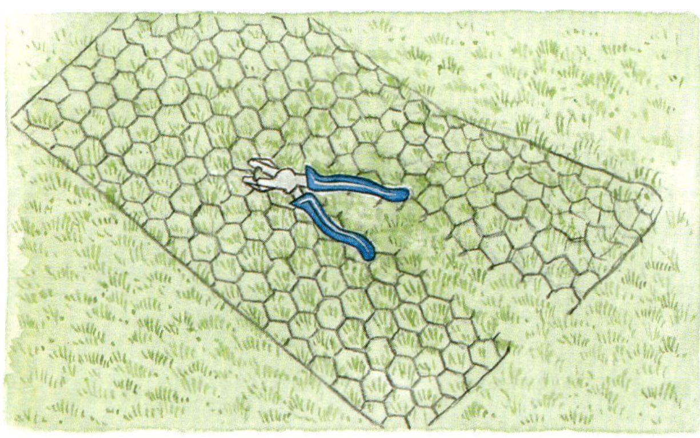

2 Hühnerdraht zurechtschneiden: Mit Hilfe des Seils die Länge des Hühnerdrahts festlegen und ein entsprechend langes und 30 cm breites Stück herausschneiden.

3 Rolle herstellen: Moos in die Mitte des Drahtstücks legen und Draht, an einem Ende beginnend, so um das Moos legen, daß eine Rolle entsteht. Rolle an den Schnittkanten schließen. Enden des Rohrs umbiegen, damit das Moos nicht herausfallen kann. Drahtrohr so fest zusammendrücken, daß das Moos innen wirklich fest sitzt.

4 Girlande formen: Drahtrohr sich vollständig mit Wasser vollsaugen und anschließend abtropfen lassen. Mit Hilfe des Seils Befestigungspunkte bestimmen und dort 30 cm langen Blumendraht zu Haken und Ösen biegen. Die Haken müssen sehr gut befestigt sein, da die Girlande mit ihnen am Tisch angebracht wird. Enden des Rohrs nach unten biegen und Mittelteil zu einem Bogen formen.

5 Girlande zum Schmücken vorbereiten: Die Girlande läßt sich am besten schmücken, wenn sie hängt. Schlagen Sie zwei Nägel im entsprechenden Abstand in eine stabile Holzplatte. Holzplatte über die Rückenlehne zweier Stühle legen und Girlande aufhängen. Die Stühle u. U. mit Büchern beschweren. Sie können die Girlande aber auch in der richtigen Form auf den Boden legen.

6 Blattwerk einflechten: Zweige von Spindelbaum und Eukalyptus oder Apfel und Kirsche auf 15 – 20 cm lange Stücke schneiden und diese von der Mitte ausgehend so in das Moos stecken, daß die Zweige nach außen schauen. Achten Sie darauf, daß sich die Blätter immer überlappen.

7 Verteilung des Grüns kontrollieren: Gehen Sie von Zeit zu Zeit einen Schritt zurück und überprüfen Sie, ob die verschiedenen Blätter regelmäßig verteilt und beide Seiten gleich gestaltet sind. Die Formgebung erfolgt über das Blattwerk; verwenden Sie zuerst Zweige mit kleineren Blättern, wenn Sie auf eine Krümmung zuarbeiten. Bei den Enden beginnen Sie oben mit großblättrigeren Zweigen und schließen mit Zweigen mit kleineren Blättern, so daß die Spitzen kegelförmig zulaufen.

8 Befestigen der Girlande am Tisch: Bevor Sie die Blüten stecken, sollte die Girlande am Tisch befestigt werden. Wenn Sie einen alten oder auf Böcke gestellten Tisch verwenden, können die Haken direkt durch die Tischdecke in das Holz gedrückt werden. Falls Sie jedoch Decke oder Tisch nicht beschädigen wollen, fixieren Sie die Haken mit Sicherheitsnadeln an der Tischdecke. Die Sicherheitsnadeln lassen sich durch Rosetten verdecken. Die Tischdecke wird später beschwert werden müssen, während des Schmückens tun es schon ein paar Bücher.

9 Einflechten der Blüten: Beginnen Sie in der Mitte, und flechten Sie einen Ring aus Chrysanthemen ein, der die nackte Stelle bedeckt, an der sich das Blattwerk teilt. Schmücken Sie dann die gesamte Girlande mit Blüten, und achten Sie dabei auf gleichmäßige Verteilung.

10 Einflechten der Lilien: Stengel der gelben Lilien auf 15 – 20 cm Länge kürzen und einflechten. Ordnen Sie die Blüten nicht zu regelmäßig an – eine Gruppe aus zwei, drei Blüten hier, eine einzelne Blüte da verleihen diesem Tischschmuck mehr Lebendigkeit. Berücksichtigen Sie beim Einflechten der Blüten auch, daß man sowohl von oben als auch von der Seite auf die Girlande schauen wird.

11 Stützen der Amaryllisblüten: Der Blickfang der Girlande sind Amaryllis. Blüten abschneiden und mit Draht stützen. Ein 20 cm langes Stück Draht durch den Blütenboden stecken und beide Enden wie eine Haarnadel nach unten biegen. Ein zweites, 20 cm langes Stück Draht um Blütenboden und Stengel wickeln.

12 Einflechten der Amaryllis: Mit Draht verstärkte Stengel in die Mitte der Girlande einflechten und eine oder zwei Blüten nach oben biegen.

13 Verdecken der Drahthaken: Drahthaken durch Rosetten aus Bändern verdecken, deren Enden an jeder Seite locker herunterhängen dürfen (vgl. Seite 30). Girlande zum Schluß mit Wasser besprühen.

tip

Wissenswertes über Girlanden
Aufbewahren der Girlanden: Das Blattwerk kann schon einige Tage im voraus gesteckt werden, die Blüten sollten jedoch erst am Tag der Feier eingeflochten werden, um möglichst frisch auszusehen.

Befestigen der Girlande mit Bändern: Die Girlande kann auch mit zwei Bändern vor den Tisch gehängt werden. Dazu das eine Ende des Bandes am hinteren rechten bzw. linken Tischbein befestigen. Bänder dann über den Tisch führen und an den Haken der Girlande befestigen. Diese Möglichkeit eignet sich besonders für Tische, die an einer Wand stehen, da das Tischtuch hinten um das Band gelegt werden muß.
Entfernen von Staubblättern: Der Blütenstaub einiger Liliensorten kann Flecken geben, daher sollten die Staubblätter vor dem Einflechten entfernt werden.

▼ ***Natürlich wirkende Girlande***
Die Girlande wirkt bezaubernd natürlich, wenn Sie die Seiten nicht haargenau gleich gestalten. Lockern Sie das Bild durch einen zusätzlichen Zweig oder eine Blüte auf, wenn das Ganze zu gleichmäßig wirkt.

SO FERTIGEN SIE EINE ROSETTE

1 **Zurechtschneiden des Bandes:** Für jede Rosette ein 3 m langes Stück Band abschneiden. Für die langen Enden ein 90 cm langes Stück abschneiden und zur Seite legen. Farblich passendes Nähgarn in eine Nadel einfädeln.

2 **Anfertigen der Rosette:** Eine Seite des Bandes in eine ungefähr 10 cm große Schlaufe legen. Schlaufe mit Daumen und Zeigefinger halten und eine weitere, leicht nach rechts geneigte Schlaufe legen.

Fahren Sie fort, bis Sie einen Kreis aus Schlaufen gebildet haben, und legen Sie mit dem Ende dann eine kleine Schlaufe um die Mitte.

3 **Zusammenhalten der Rosette:** Rosette in der Mitte mit einem Stich zusammenhalten; dann das zur Seite gelegte Band in der Mitte falten und ebenfalls annähen. Enden des Bandes V-förmig oder schräg zuschneiden und Rosette an der Girlande feststecken oder -nähen.

tip

Zusätzliche Bänder
Die Enden der Bänder lassen sich in vier einzelne Bändchen unterteilen. Dazu das Band mit einer Schere dreimal nach oben hin einschneiden. Die einzelnen Bändchen dann nach Belieben drapieren.

▼ ***Unsichtbare Haken***
Die Rosetten sehen nicht nur hübsch aus, sie verdecken auch die Befestigungshaken. Die langen Enden kräuseln, indem Sie sie druckvoll über die Schneide einer Schere ziehen.

Hochsommerliche Gestecke

Der Sommer ist die beste Zeit für extravagante Blumendekorationen. Garten und Blumenläden halten eine riesige Auswahl an Blumen und Grün bereit, die sich zu üppigen Sträußen zusammenstellen lassen.

Zahlreiche beliebte Blumen, die Sie aus Bauerngärten kennen (z. B. Wicken), werden auch für den Handel gezüchtet, so daß Sie selbst dann einen Gartenstrauß zusammenstellen können, wenn Sie keinen Garten haben. Weitere günstige Quellen für Blumen sind Garten- und Blumenschauen, die einen Wochenendausflug lohnen und die Chance bieten, ein paar außergewöhnliche Pflanzen preisgünstig zu bekommen.

Sie können Ihren Strauß in Pastelltönen halten oder frechere Farben wählen. Sehr schön sehen auch Arrangements in einer einzigen Farbe, z. B. Weiß oder auch Zartrosa und -rot aus. Weitaus anspruchsvoller wirkt ein ganz in Grün gehaltener Strauß mit Blüten, Samenkapseln und Blattwerk in sehr fein abgestimmten Grüntönen.

▲ ***Sommer-Potpourri***
Für dieses Gesteck wurden Rittersporn, Wiesenfrauenmantel sowie verschiedene Sorten Rosen mit buntem Hartriegel kombiniert.

Materialvorschläge

Blumen: Einige Pflanzen wie Rosen, Pfingstrosen, Rittersporn und Glockenblumen sind ausgesprochene Sommerblumen und bieten daher besonders dann eine gute Orientierungshilfe bei der Zusammenstellung, wenn einige andere Blumen wie Chrysanthemen dazugenommen werden sollen, die keine typischen Blumen dieser Jahreszeit sind. Spätsommerliche Pflanzen sind Hortensien und Dahlien sowie die immerblühenden Tee- und Floribunda-Rosen. Als Faustregel gilt, daß alle Blumen, die im Garten nebeneinander gedeihen, auch als Schnittblumenstrauß gut aussehen.

Eine große Vase, gefüllt mit Blumen einer oder mehrerer ähnlicher Sorten wie verschiedene Rosenarten, kann sehr wirkungsvoll aussehen.

Blattwerk: Im Sommer bietet der Garten auch Grün in Hülle und Fülle. Selbst so bescheidene Pflanzen wie Liguster oder Immergrün können aus ein paar Blumen einen üppigen Strauß zaubern. Bunte Zweige z. B. von Hartriegel oder Feuersalbei verleihen einem Gesteck Tiefe und wirken wie eine Brücke zwischen Blumen und Grün. Auch Beschnitt von Hecken eignet sich; wenn Sie jedoch Grün beim Floristen kaufen, sollten Sie düsteres Immergrün wie Buchsbaum oder Zypressen vermeiden.

SO WIRD'S GEMACHT

Dieses zum Betrachter hin orientierte Arrangement hat die Form eines flachen Dreiecks. Es stellt eine Mischung aus Sommerblumen und -blättern dar, die zur Mitte hin dichter gesteckt sind. Wenn Sie Rosen aus dem Blumenladen verwenden, versuchen Sie, solche mit flacheren Blüten zu bekommen, die sich sicher öffnen und lange halten; fragen Sie Ihren Floristen, wenn Sie unsicher sind. Herkömmliche langstielige Rosen verwelken, bevor sich ihre Knospe öffnet. Notfalls können Sie die Knospen langstieliger Rosen sanft zwingen, sich zu öffnen, indem Sie die Stengel in einem feuchten Raum in warmes Wasser legen.

Silbrige Blätter hellen den Strauß auf, doch sind sie nur schwer zu bekommen. Fragen Sie Ihren Floristen nach weißbuntem Efeu, schmalblättrigem Eukalyptus und Ziergras.

Durch die leicht erhöhte Schale können sich die Pflanzen bei diesem Gesteck anmutig neigen. Eine ähnliche Wirkung erzielen Sie mit einer flachen Schale auf einer umgekehrten Untertasse oder einem flachen Teller. Achten Sie bei dieser Konstruktion jedoch auf Stabilität, und verwenden Sie im Zweifelsfall etwas Oasis.

Materialien

Schale, Mosy, Pinholder und Oasis
5 – 6 Stengel **Artemisia ludoviciana**
1 Strauß **rosafarbene Wicken**
2 – 4 Zweige **blühendes Geißblatt**
9 – 12 Ehrenpreis
7 – 8 blühende Majoranzweige
8 dunkelrosa Rosen
6 hellrosa Rosen
5 Frauenmantel
2 Zinerarien
3 – 4 Stengel **Schleierkraut**
2 Stengel **blühender Jasmin**
1 Strauß **Lavendel**

1 Vorbereitung: Oasis kreuzförmig auf den Boden einer Schale legen. Pinholder fest in das Oasis drücken. Mosy, das die Schale gut ausfüllen und 2,5 bis 5 cm über den Rand der Schale hinausragen sollte, fest auf den Pinholder drücken.

2 Festlegen des „Rahmens“: Einen langen Stengel Artemisia hinten in die Mitte stecken und damit die Höhe festlegen. Mit zwei Wicken und einem langen Geißblattzweig rechts und drei Ehrenpreis links die Breite festlegen. Vier Artemisia, drei Majoran und fünf Ehrenpreis als Orientierungshilfen dazwischen anordnen. Einige Stengel nach vorn und unten biegen, um so den Rand aufzulockern.

3 Auffüllen des „Rahmens“: Die acht dunkelrosa Rosen auf verschiedene Längen kürzen und in der Mitte sinuskurvenförmig anordnen. Auf der einen Seite zwei zartrosa Rosen in flachem Winkel und auf der anderen Seite vier zartrosa Rosen stecken, um dem Ganzen Tiefe zu verleihen. Die übrigen Wicken wie abgebildet nach außen und unten geneigt dazustecken.

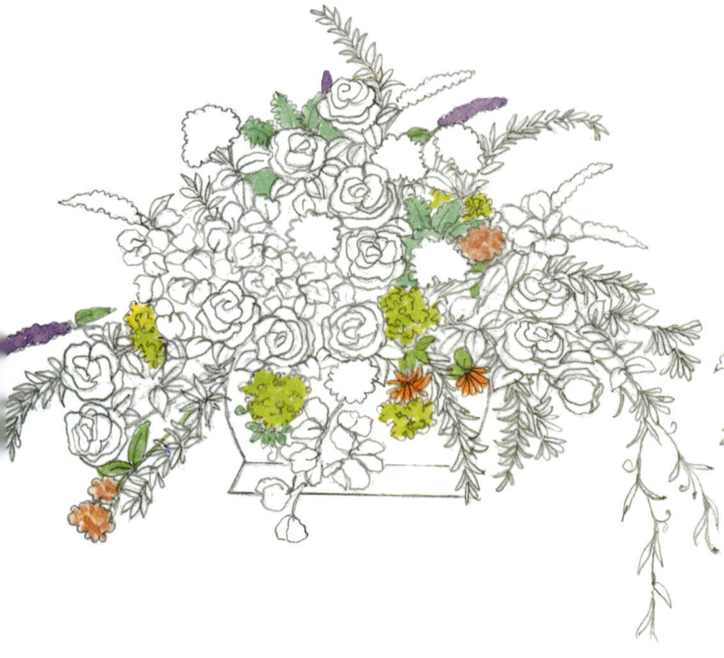

4 Auffüllen des Straußes: Strauß mit den übrigen Majoran-, Geißblatt- und Ehrenpreiszweigen insbesondere zur Mitte hin auffüllen. Mit den fünf Stengeln Frauenmantel einen Kontrast bilden. Rechts und links von der Mitte jeweils zwei Zweige silberblättriger Zinerarien als lockeren Rahmen für die Rosen vorsehen.

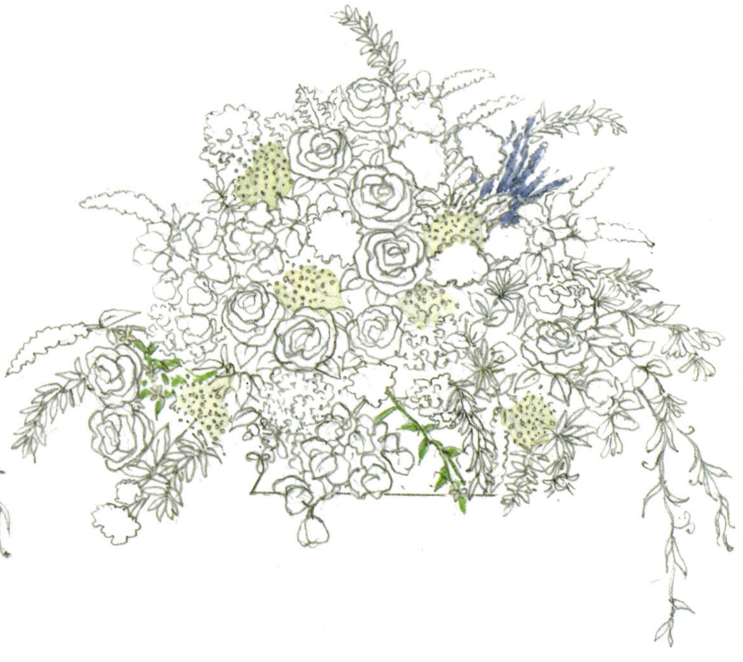

5 Vollendung: Mit wie Spitze wirkendem Schleierkraut eventuelle Lücken füllen. Einige längere und kürzere Jasminzweige über den Rand hängen lassen und einen Strauß Lavendel nicht ganz mittig anordnen. Überzeugen Sie sich von Zeit zu Zeit davon, daß der Strauß an den Seiten und vorn gleichmäßig aufgebaut ist.

◀ ***Duftende Pracht***
Bei diesem wundervollen Sommerstrauß geben Rosen und Wicken den Ton an. Lavendel, Jasmin und Geißblatt verstärken den Duft. Wählen Sie andersfarbige Rosen, wenn rosafarbene nicht zu Ihrer Einrichtung passen.

tip

Den Duft des Sommers einfangen
Mit sorgsam ausgewählten Blumen können Sie den Duft des Sommers in Ihr Heim tragen.

Verblüffende Extras

Sie brauchen sich bei der Suche nach geeignetem Material nicht auf den Garten oder Blumenladen zu beschränken. Ihr Supermarkt hält z. B. verschiedene Salatsorten für Sie bereit, die sich gut als Grün verwenden lassen. Wenn Sie einen Garten haben, graben Sie geschossene Salatköpfe ganz, d. h. mit Wurzeln usw., aus. Sie werden staunen, wie lange sie sich in einem Blumenstrauß halten. Petersilie, Dill oder Fenchelgrün verleihen Blumensträußen einen Hauch von Zartheit. Feuersalbei und gelbblühender Klebriger Salbei machen sich ebenfalls gut.

Die Blüten der Kapuzinerkresse werden auch für Salate verwendet, so daß Sie diese Blumen in Ihrem Delikatessengeschäft bekommen. In einer flachen Schale in Wasser schwimmend ergeben sie ein ausgefallenes Dekorationselement.

► ***Kühl, ruhig und gesammelt***
Goldrute, Weiße Gartenlilien, grüner Viburnum opulus und Inkalilie wiederholen das Dekor der Vase.

▼ ***Lustiges Spiel mit Blättern***
Blaue Gartenraute und rote Salatblätter gesellen sich zu einem typischen Sommerstrauß aus zartgelben Rosen, knallgrünen Euphorbien, Gartenraute, Feuersalbei und Immergrün.

Arrangements in verschiedenen Formen

Mosy läßt sich problemlos in verschiedene Formen schneiden. Sie können kleine Stücke aus einem Stück Mosy herausschneiden oder aus zwei oder drei Stücken Mosy ein größeres Stück bilden, das dann in Form geschnitten werden kann. In einigen Blumenläden erhalten Sie u. U. auch vorgeformtes Mosy, doch das Selbermachen wird Ihnen mehr Freude bereiten.

Ein Herz aus Blumen

Hierfür wurden drei längliche Stücke Mosy zusammengebunden und herzförmig zugeschnitten. Legen Sie das Herz auf einen großen flachen Teller oder ein Herz aus Pappe, das zum Schutz von Tisch und Decke mit Folie überzogen wird. Auf diese Weise lassen sich alle möglichen Formen herstellen: Ringe, Dreiecke, Buchstaben oder Zahlen für eine Geburtstagsparty – die Möglichkeiten sind unbegrenzt. Soll dieses Gesteck auf einem Tisch liegen, wird man von oben daraufschauen. Kleinere Blüten und Blätter, die von den Proportionen her zueinander passen, wirken dann besser – vermeiden Sie große Blätter oder dicke auffallende Blüten, die die Form nicht zur Geltung kommen lassen.

▲ ***Ein Herz aus Rosen***
Dieses hübsche Gesteck eignet sich ausgezeichnet für so besondere Gelegenheiten wie eine Hochzeit. Aber auch als einfacher sommerlicher Tischschmuck verfehlt es seine Wirkung nicht. Statt rosafarbener Rosen eignen sich natürlich gelbe oder pfirsichfarbene Rosen ebenso gut.

Materialien

Ein Blatt **Zeichen-** oder **quadratisches Papier**, ein Stück **Pappe** und **dünne Folie**

Grünes Stück **Mosy** (23 cm × 11,5 cm × 8 cm)

Eine Rolle weißes o. grünes **Floristenband** und ein grüner **Bambusstab**

Küchenmesser, Blumenschere

Zweige von **Rosmarin, Lavendel, Efeu, Greiskraut** und **Euphorbien**, 12 rosafarbene **Rosenknospen**, 6 rosafarbene **Nelken,** ein kleiner Strauß **Schleierkraut**

SO WIRD'S GEMACHT

1 **Schablone anfertigen:** Auf Zeichenpapier ein Herz zeichnen; damit es symmetrisch wird, Papier in der Mitte falten und Herz ausschneiden.

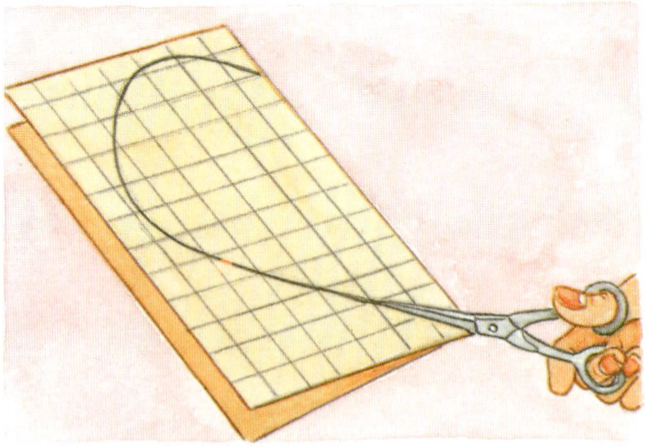

2 **Mosy vorbereiten:** Block mit einem scharfen Messer in drei gleich große längliche Stücke schneiden.

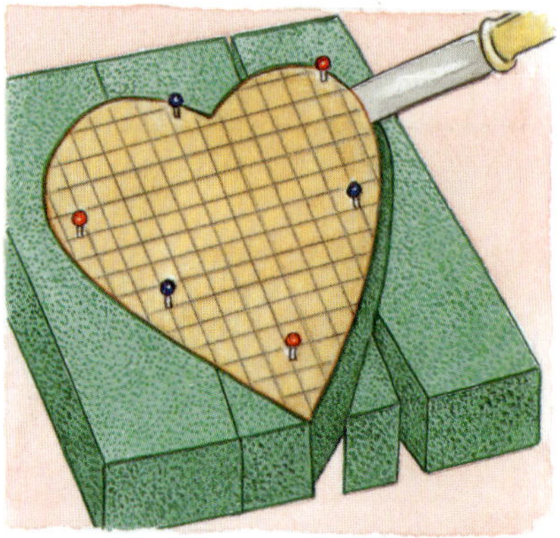

3 **Form ausschneiden:** Mosy-Stücke nebeneinanderlegen, Papierherz daraufstecken und mit dem Küchenmesser ausschneiden.

4 **Mosy-Stücke zusammenbinden:** Mosy-Stücke mit Band zusammenhalten. Ein paar quer durch das Herz gesteckte Bambusstäbe sorgen für zusätzliche Stabilität. Herz sich mit Wasser vollsaugen lassen.

5 **Zweige vorbereiten:** Efeu in 8 cm lange Stücke und die übrigen Zweige in 5 cm lange Stücke schneiden. Zum Arbeiten Herz auf ein Tablett legen. Zweige oben und an den Seiten gleichmäßig verteilt in das Herz stecken. Der Efeu folgt der Herzform, wenn Sie ihn mit beiden Enden in das Mosy stecken.

6 **Blüten stecken:** Die Rosen sind die wichtigsten Blumen, also müssen sie zuerst gesteckt werden. Plazieren Sie eine in der Mitte und verteilen Sie die übrigen über das Herz. Dann kommen Nelken an die Reihe; mit Schleierkraut wird schließlich den Konturen das Kantige genommen. Treten Sie hin und wieder einen Schritt zurück und prüfen Sie, ob die Blüten gleichmäßig verteilt sind und die Herzform noch zu erkennen ist.

7 **Gesteck aufstellen:** Soll das Gesteck auf einer Platte liegen, muß das Mosy nicht abtropfen. Ist es jedoch als Tischschmuck gedacht, dann ist es ratsam, ein Herz aus Pappe auszuschneiden, das etwas größer als die Papierschablone ist, und dieses mit Folie zu beziehen. Gut abgetropftes Gesteck dann auf diese Unterlage legen. Wenn die Pflanzen etwas Wasser benötigen, Mosy eine halbe Stunde in eine flache Schale mit Wasser legen.

Blumenkugel

Kleine, mit Hühnerdraht umwickelte Stücke Mosy bilden die Grundlage für dieses hängende Gesteck, das sich einige Tage frisch hält, wenn Sie es gut wässern. In der Mitte eines Torbogens oder Erkerfensters, in einer Nische oder bei speziellen Gelegenheiten am Vordach über der Haustür macht es sich besonders gut.

Materialien

Mosy (23 cm × 11,5 cm × 8 cm)
Ein flaches Stück **Hühnerdraht** (ca. 60 cm^2)
Mehrere Stücke **Draht** für Öse und Schleife
Blumenschere
Scharfes **Küchenmesser**
Drahtschere
Blumentopf oder ähnliches Gefäß als Hilfsmittel
Farblich **passendes Band** (1,8 m lang, 2 cm breit)
Zweige von **Rosmarin, Lavendel, Efeu, Greiskraut und Euphorbien**
6 Stengel weiße **Chrysanthemen**, 6 weiße **Nelken**, 10 weiße **Freesien** und 4 Stengel weiße **Orchideen**

▲ ***Sommerlicher Schmuck***
Hängen Sie dieses hübsche Blumenarrangement in einen Tor- oder Türbogen, und Ihr Heim erhält einen frischen, fröhlichen Blickfang. Wenn Sie kreativ sein wollen, können Sie auch andere Formen wie eine Glocke oder einen Ring ausprobieren. Blumen ab und zu etwas mit Wasser besprühen, dann halten sie länger frisch.

SO WIRD'S GEMACHT

1 Mosy zurechtschneiden: Mosy mit einem scharfen Messer in acht Stücke teilen.

2 Mit Draht umwickeln: Mosy-Stücke in die Mitte eines Stücks Hühnerdraht legen und Draht vorsichtig um die Stücke wickeln. Die Kugel sollte einen Durchmesser von rund 20 cm haben. Mosy vor dem endgültigen Umschließen ausrichten. Scharfe Kanten nach innen drehen und die Drahtkugel mit Hilfe der Drahtenden an den Schnittkanten schließen.

3 Öse anbringen: An der Oberseite der Kugel eine Öse aus Hühnerdraht anbringen. Diese Öse dient zum Aufhängen der Kugel, nachdem die Mosy-Stücke in Wasser getaucht worden sind.

4 Kugel in Wasser tauchen: Kugel eine halbe Stunde lang in Wasser tauchen und anschließend gründlich abtropfen lassen.

5 Blätter stecken: Kugel mit der Öse nach unten in ein Gefäß (z. B. einen Blumentopf) stellen und ein Gerüst aus Blättern anfertigen. 8 cm lange Zweige gleichmäßig über die Kugel verteilen. Treten Sie hin und wieder einen Schritt zurück und prüfen Sie, ob die Kugelform noch erkennbar ist. Behalten Sie einige Zweige für den oberen Teil zurück.

6 Blüten stecken: Blumen und Zweige auf die gleiche Länge wie die Blätter kürzen. Verteilen Sie zunächst die Chrysanthemen gleichmäßig und mit ausreichendem Abstand untereinander, so daß noch genügend Platz für die übrigen Blüten bleibt. Behalten Sie einige Blüten für den oberen Teil zurück.

7 Lücken füllen: Als nächstes werden Nelkenblüten und -knospen und zum Schluß Freesien und Orchideen gesteckt. Sind die Zweige zu lang, schneiden Sie die unteren Knospen ab; nutzen Sie die Krümmung der Stengel möglichst, um der Kugelform zu folgen.

8 Oberen Teil fertigstellen: Dazu muß die Kugel an einem Haken hängen. Eine Stange über der Badewanne erleichtert das Arbeiten. Zunächst das Grün und dann die Blumen stecken. Fertiges Gesteck mit Wasser besprühen.

9 Schleife anbringen: Ein 1,8 m langes und 2 cm breites Band in drei bis vier Schlaufen legen, wobei die Enden der Schleife 46 cm lang sein sollten. Ein Stück Draht in der Mitte umbiegen, über den Mittelpunkt der Schleife legen und verdrillen. Schleife mit dem Draht am oberen Teil der Kugel unsichtbar befestigen und die Enden herunterhängen lassen.

10 Kugel aufhängen: Kugel an einem Stück Nylonfaden aufhängen. Ein Band oder ein Stück mit Band umwickelter Draht eignet sich jedoch ebenso gut. Kugel täglich mit Wasser besprühen, damit sie frisch bleibt.

tip

Sternenkugel
Einfach, jedoch sehr wirkungsvoll sind Kugeln aus nur einer Blumensorte. Chrysanthemen z. B. ergeben „Sternenkugeln“.

Rosen und Pfingstrosen

Im Sommer kommt der Garten richtig zur Geltung; dies gilt vor allem für Rosen und Rabatten. Mit Omas Blumen aus dem eigenen Garten läßt sich der Sommer wundervoll ins Haus holen. Die Schönheit eines Bauerngartens läßt sich aber auch ohne Garten einfangen, denn Ihr Florist hält jetzt Sommerblumen wie Rosen, Pfingstrosen und Wicken für Sie bereit. Ob Sie die Blumen nun pflücken oder kaufen, achten Sie immer darauf, daß Sie verschieden weit, jedoch niemals voll aufgeblühte Blumen verwenden. Geben Sie Ihrem Strauß durch einige ausgefallene Blumen oder Zweige aus dem Garten, Ackerpflanzen oder langstielige Petersilie oder Rosmarin eine persönliche Note.

Die für die folgenden Sträuße genannten Mengen und Farben lassen sich je nach Geschmack, Geldbeutel und Verfügbarkeit variieren. Eine verblüffende Wirkung haben einfarbige Arrangements.

Vorbereiten der Vase: Für beide Sträuße benötigen Sie ein senkrecht in der Mitte durchgeteiltes, mit Wasser vollgesogenes Stück Mosy, das auf einen Pinholder gesteckt und mit Oasis auf einer Unterlage befestigt wurde (vgl. Seite 14). Als Unterlage eignet sich eine flache Schale oder eine Platte mit Rand.

Knospende Schönheit

Dieser üppige Strauß wirkt wie eine waagerecht durchgeschnittene Kugel. Ihr Florist wird bei Pfingstrosen möglicherweise fast alle Blätter entfernen; bitten Sie ihn, daß er sie Ihnen mit Blättern verkauft. Als Grün eignen sich statt dessen aber auch Viburnum tinus oder Blätter und Zweige aus dem Garten.

▲ ***Eine schöne Begrüßung***
Hellen Sie Ihren Flur mit einem Strauß auf. Hier begrüßt Sie ein Bouquet in Weiß und Rosa.

Materialien

12 zartrosa gefüllte Pfingstrosen
3 dunkelrosa gefüllte Pfingstrosen
1 weiße gefüllte Pfingstrose
4 weiße Levkojen
5 cremefarbene Rosen
1 Strauß **Sterndolden**
1 Strauß bunte **Wicken**

tip

Rosenknospen sanft öffnen
Stengel zurückschneiden, Knospen an warmem Platz in warmes Wasser legen oder Becher mit den Knospen in heißes Wasser stellen.

1 Höhe festlegen: Eine Levkoje hinten in die Mitte, rechts und links davon eine kürzere Pfingstrose, vorn zwei Pfingstrosen und an jeder Seite eine Pfingstrose stecken. Heben Sie von den Pfingstrosen abgeschnittene Stengel mit Blättern auf.

2 Runde Form bewahren: Denken Sie an einen Globus, wenn Sie die übrigen Pfingstrosen so stecken, daß sich die weiße in der Mitte befindet. Stengel auf unterschiedliche Längen kürzen, sie sollten jedoch nicht länger sein als die Pfingstrosen des „Rahmens". Stengel zur Mitte neigen, so daß alle Blüten dicht nebeneinander liegen. Dann die übrigen Levkojen hinzufügen. Die fünf Rosen unterschiedlich lang kürzen und vorn in der Mitte zu einem „V" stecken.

3 Vollendung: Strauß von oben und von den Seiten betrachten und eventuelle Lücken mit Wicken und Sterndolden füllen. Mit Pfingstrosen- oder sonstigen Blättern Mosy unsichtbar machen.

▲ Bezaubernde Rosensträuße
Dieser wirklich extravagante runde Strauß würde auf einer Hochzeitstafel betörend wirken. Bei schmalem Geldbeutel tun es auch weniger Rosen und dafür mehr Schleierkraut, Lavendel oder kurzstielige Rosen, die in vielen Farben erhältlich sind. Silberfarbiger Beifuß verleiht dem Ganzen einen Hauch von Spitze, verwelkt nach dem Schneiden jedoch schnell – also erst in letzter Minute hinzufügen.

Rosenbouquet

Dieser herrliche Rosenstrauß eignet sich ausgezeichnet als Tischschmuck bei einer Gartenparty oder für eine sonstige festliche Gelegenheit. Gelbe statt rote Rosen verleihen dem Strauß ein fröhliches Aussehen.

Materialien

3 große Sträuße **Schleierkraut**
30 – 36 rosafarbene **Rosen**
30 – 36 rote **Rosen**
12 Zweige **Trachelium**
6 Zweige **Beifuß**

1 Höhe festlegen: In der Mitte einen Trachelienzweig und rundherum am Rand rosafarbene und rote Rosen so stecken, daß das Ganze wie ein Wagenrad mit leicht versetzten Speichen aussieht.

2 Fülle herstellen: Vom Schleierkraut Zweige abbrechen und diese von den Rosen hin zum Trachelium so einfügen, daß der Strauß dicht und rund wird. Das übrige Trachelium etwas stärker als die Rosen kürzen und hier und da einen Zweig einfügen, um alles dichter wirken zu lassen.

3 Übrige Rosen hinzufügen: Den gedachten Globus mit rosafarbenen und roten Rosen auffüllen, wobei die Rosen leicht über Schleierkraut und Trachelium herausragen sollten. Drehen Sie den Strauß beim Füllen immer ein Stück weiter, so lassen sich die Rosen leichter gleichmäßig verteilen.

4 Vollendung: Zuletzt mit Beifußzweigen eventuelle Lücken füllen.

Orangen und Zitronen

Daß zur weihnachtlichen Dekoration auch Tannenzweige gehören, ist nichts Neues. Interessanter wirken jedoch immergrüne Pflanzen, die mit leuchtendroten Äpfeln, Orangen und Zitronen behängt werden. Auch Nüsse eignen sich als schmückende Elemente – das ist preisgünstiger als gekaufte Schnittblumen und weitaus origineller.

Ob Sie sich nun für ein einzelnes dekoratives Element, eine große Girlande über dem Kamin oder einen ausgefallenen Tischschmuck für die Festtafel entscheiden – alle lassen sich mit Hilfe der Anleitungen zu Hause schnell und mühelos herstellen.

▼ ***„Die Glocken von St. Clements"***
Diese drei Sträuße sehen eindrucksvoll aus, lassen sich aber mühelos herstellen. Jede Kugel besteht aus mit Draht umwickeltem Mosy, an dem eine Schnur zum Aufhängen befestigt werden kann. Den eigentlichen Strauß bildet mit Früchten geschmücktes Immergrün (vgl. S. 42). Schleifen aus Papier runden die Komposition ab.

▲ ***Beliebter Kaminschmuck***
Diese Riesengirlande macht einen Raum noch gemütlicher. So geschmückt lädt er förmlich ein, am Kamin zu sitzen.

Farbenfrohe Ideen

Dekorationen mit Immergrün sehen wunderschön aus und sind vor allem dann sehr preisgünstig, wenn Sie Misteln und Efeu im Garten haben.

SO WIRD'S GEMACHT

Materialien

Mosy und Hühnerdraht (beim Floristen erhältlich)
Ausreichend **Moos**
Immergrüne Pflanzen (Misteln, Efeu, Eibenzweige)
9 Orangen
10 Äpfel
7 Kiefernzapfen
Baumschere, Draht und **Blumendraht**
Weinroter Samt (2 m lang × 20 cm breit)

1 Vorbereitung: Messen Sie die Länge der Girlande aus, und schneiden Sie Mosy und Draht dann entsprechend zu. Bei Ihrem Floristen können Sie auch Drahtgestelle in Standardgrößen bekommen. Denken Sie daran, daß die fertige Girlande um einiges länger sein wird.

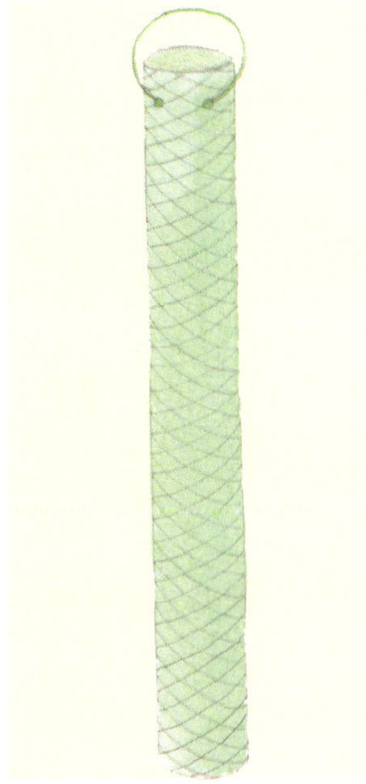

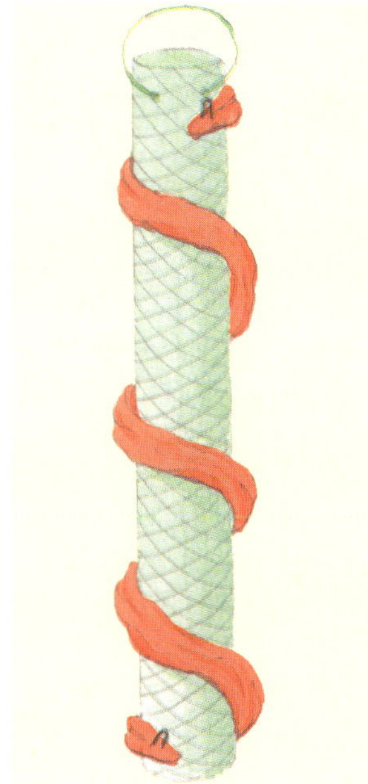

2 Früchte mit Draht versehen: Zwei 30 cm lange Drahtstäbe waagerecht so durch den unteren Teil der Frucht stecken, daß sie ein Kreuz bilden. Drahtenden so verdrillen, daß sie einen Stiel bilden. Alle Früchte auf diese Weise mit Draht versehen.

3 Kiefernzapfen vorbereiten: Ein Stück Draht um das untere Ende des Zapfens wickeln und Enden ähnlich wie bei den Früchten verdrillen. Alle Kiefernzapfen auf diese Weise vorbereiten.

4 Haken anbringen: Möglicherweise hat die Girlande eine Vorder- und eine Rückseite. An der Rückseite beide Enden eines Stücks Blumendraht so in das Gestell stecken, daß der Mittelteil eine Schlaufe bildet. Die Girlande kann an einem Wandhaken aufgehängt werden.

5 Erste Arbeitsschritte: Samt in Längsrichtung einmal so umschlagen, daß die rechte Seite nach außen schaut. Längskanten zusammennähen. Die so entstandene Samtrolle von oben nach unten um das Gestell wickeln. Enden mit Drahtstiften befestigen.

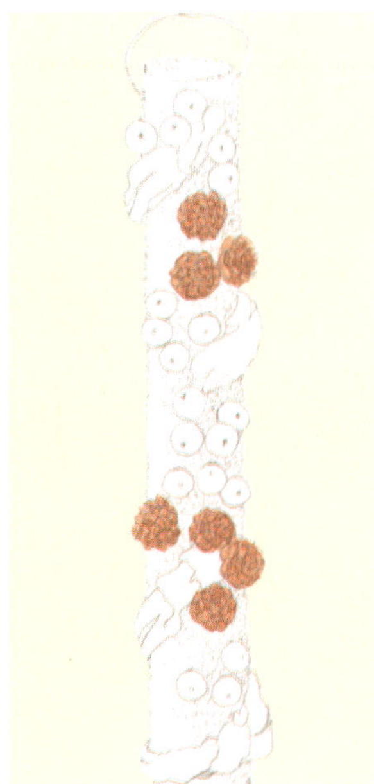

6 Moos hinzufügen: Girlande mit Moos bedecken. Moos mit 10 cm langem, in der Mitte einmal umgebogenem Blumendraht befestigen; der Samt sieht interessanter aus, wenn er an einigen Stellen von Moos bedeckt und an anderen aufgeplustert ist. Girlande aufhängen, um Grün und Früchte einzuflechten.

7 Früchte anbringen: Der Drahtstiel der Früchte müßte sich mühelos in die Girlande stecken lassen. Früchte über die Girlande verteilt in Gruppen anordnen, so daß leuchtende Stellen in jeweils einem Farbton entstehen. Am Schluß einige Schritte zurückgehen und Wirkung begutachten.

8 Kiefernzapfen anbringen: Bei dieser Girlande wurden sieben große Zapfen in verschiedenen Abständen zwischen Samt und Früchte gesteckt. Der Drahtstiel der Zapfen müßte sich mühelos durch das Moos stecken lassen. Gehen Sie dann wieder einige Schritte zurück, um die Wirkung zu begutachten.

9 Vollendung: Girlande mit Mistel- und Efeuzweigen ein festliches Aussehen verleihen. Betrachten Sie Ihr Werk abschließend noch einmal mit Abstand und korrigieren Sie nicht richtig sitzende Zweige. Girlande dann neben dem Kamin aufhängen oder auf den Sims legen.

Tischschmuck

Dieser hübsche Tischschmuck ist im Handumdrehen hergestellt. Stellen Sie einfach eine Schale mit Früchten in einen gekauften Kranz, der sich mit Nüssen, Christbaumschmuck und Kerzen noch verschönern läßt. Preisgünstiger und kreativer ist es jedoch natürlich, wenn Sie diesen Tischschmuck mit Material aus dem Garten selbst herstellen.

SO WIRD'S GEMACHT

Materialien

Großer Teller
Blätter von Lorbeer
Verschiedenes Immergrün
Tannen- oder **Kiefernzapfen**
Moos
Früchte: **Zitronen, Limonen, Mandarinen, Äpfel, getrocknete Aprikosen, Kiwis, kl. Goldorangen** und **Pflaumen**
Nüsse, Walnüsse, Paranüsse
Mosy
Draht
Drahtrolle
Klebeband
Schere

1 **Vorbereitung:** Gleich große Mosy-Stücke mit Klebeband am Rand eines großen Tellers befestigen. Die Stücke sollten nahe nebeneinander liegen, sich aber nicht überlappen.

2 **Kranz schmücken:** Lorbeer ringsum in die Außenkante der Mosy-Stücke stecken. Mosy anschließend vollständig mit verschiedenen Zweigen von Immergrün (z. B. Mistel, Efeu, Zypresse, Tanne) bedecken und dekorativen Übergang zum Teller schaffen. Mit Draht versehene Kiefernzapfen machen das Gesteck zusätzlich reizvoll. Lücken mit Moos füllen.

3 **Vollendung:** Früchte und Nüsse in der Tellermitte anordnen, wobei die kleineren Früchte nach oben zu liegen kommen sollten. Lücken mit getrockneten Aprikosen, Lorbeer und Efeu füllen.

▼ ***Fruchtiges Gesteck***
Dieses wunderschöne Gesteck ist nicht nur eßbar, sondern stellt auch einen prächtigen Tischschmuck für die festliche Tafel an Weihnachten dar. Es läßt sich erstaunlich schnell und mühelos herstellen, sieht aber so aus, als ob es sehr viel Arbeit gemacht hätte.

Einfache Sträuße

Fröhliche, aufgelockert wirkende einfache Sträuße erfreuen sich wachsender Beliebtheit, und so bieten nun auch teure Blumengeschäfte neben den traditionelleren und streng symmetrischen Sträußen solche einfachen Sträuße an. Auch wenn diese Sträuße zufällig oder spontan zusammengestellt aussehen und ihnen die gewohnte Strenge und Geometrie eines traditionellen Straußes fehlt, so heißt dies nicht, daß Sie einfach ein paar Blumen in eine Vase fallen lassen können und der Rest kommt von selbst.

Einfache Sträuße erfordern genausoviel Überlegung und Sorgfalt wie die formgebundeneren, auch wenn hier oft Ihr Gefühl stärker gefragt ist. Experimentieren Sie so lange, bis Ihnen das Ergebnis gefällt. Versuchen Sie dabei, weitgehend auf Symmetrie zu verzichten. Auch wenn die bekannten Regeln – z. B. kein Stengel darf einen anderen kreuzen, die kleinste Blume muß 1 1/2-mal so hoch sein wie die Vase – nicht gelten, so sollte Ihr Strauß dennoch nicht abstoßend oder in die Vase gestopft wirken. Stellen Sie ihn in einem solchen Fall lieber noch einmal neu zusammen.

Lassen Sie sich bei der Wahl von Form und Farbe ganz von Ihrem Geschmack leiten; einfarbige Sträuße sind ebenso hübsch wie farbenfröhliche. Nehmen Sie sich für Ihr Experiment auf jeden Fall viel Zeit, und achten Sie darauf, daß Sie genügend Material zur Hand haben, um dem Strauß Großzügigkeit zu verleihen.

▼ ***Ein eigenwilliger Strauß***
Geißblatt, Wiesenfrauenmantel und Katzenminze schmücken einen altmodischen weiß-blauen Krug. Dabei dürfen die Pflanzen über den Rand des Kruges hängen und so den oberen Teil verdecken.

▲ **Komposition in Rosa**
Hyazinthen, Narzissen, Anemonen, Mohnblumen, Ranunkeln und Tulpen in einzelnen Vasen.

▼ **Üppiger Strauß**
Pfingstrosen, Glockenblumen, Dill, Rittersporn bilden einen aufregenden Sommerstrauß.

Einfache Blumen

Ein Gefäß voller Blumen einer einzigen Sorte (z. B. Tulpen oder Margeriten) kann so schön sein wie ein frisch gepflückter Strauß aus verschiedenen Zweigen. Omas Gartenblumen (z. B. Pfingstrosen, Goldlack, Rittersporn, Schwertlilien) und gewöhnliche Wiesenblumen wie Butterblumen eignen sich hierfür in idealer Weise. Zum Glück bieten Floristen solche preisgünstigen, fröhlichen Gartenblumen wie Ringelblumen, Wicken, Bartnelken in der entsprechenden Jahreszeit an, so daß Sie diese kaufen können, wenn sie nicht in Ihrem Garten wachsen.

Wenn Sie bei Blumen auf einen Floristen angewiesen sind, kaufen Sie langstielige Teerosen, Gladiolen und Chrysanthemen und kombinieren diese mit Pflanzen aus dem Garten; die ungewöhnliche Mischung aus Blumen vom Floristen und aus dem Garten kann besonders spannend sein, weil Gartenblumen gekauften Blumen die Strenge nehmen. Blumen aus dem Geschäft, in ein Gefäß wie z. B. eine Kaffeekanne oder eine Teedose gestellt, verfehlen ihre Wirkung ebenfalls nicht. Wenn Sie Blumen im Laden kaufen, wählen Sie einzelne margeritenartige Chrysanthemen und Nelken statt der einstieligen Varianten. Mit ein wenig Erfahrung fällt es Ihnen nicht schwer, die richtigen Blumen für Ihr Heim zu finden.

Einfache Gefäße

Nahezu jedes Gefäß, das Wasser aufnehmen kann, eignet sich als einfache Vase. Küchengeschirr und Gefäße aus Steingut sowie Körbe mit Kunststoffbezug sehen besonders gut aus. Durchsichtige Glasbehälter wirken ebenfalls schön, sind jedoch ungeeignet, wenn Sie mit Mosy oder zerknülltem Hühnerdraht arbeiten. Bei klarem Glas sind Sie auf Stengel angewiesen, die sich gegenseitig stützen. Sie lassen sich jedoch auch mit Kieselsteinen oder anderen dekorativen Elementen wie Zitronen „festklemmen“ (vgl. S. 48).

Kostbare Porzellan-, Kristall- oder Silbervasen sowie klassische urnenförmige Gefäße wirken häufig zu festlich, um sie mit einfachen Gartenblumen wie Butterblumen zu füllen. Achten Sie auch auf das Umfeld. Ein einfacher Strauß gewinnt an Schönheit, wenn daneben passende Gegenstände aus Porzellan, Keramik, Weide, Glas stehen. Statt eines Gefäßes mit Blumen lassen sich auch mehrere kleine Gefäße mit jeweils einer Blumensorte oder einer netten Mischung zusammen aufstellen.

SO WIRD'S GEMACHT

Dieser herrliche einfache Strauß bildet einen wunderbaren Kontrast zu seiner eleganten Umgebung. Der goldene Spiegel bietet einen Rahmen und verdoppelt den Strauß gleichzeitig optisch.

Sie brauchen sich nicht streng an die unten genannten Blumensorten und Mengen zu halten; achten Sie lediglich auf einen guten Mix aus Formen und Farben und üppige Fülle. Mohnblumen lassen sich z. B. gut durch Skabiosen, Rosen durch Nelken und Hopfen durch Efeu ersetzen.

► ***Verblüffend einfach***
Dieser einfache Sommerstrauß paßt gut in seine elegante Umgebung.

Materialien

Gefäß
Mit Wasser vollgesogenes Mosy
2 Rittersporn
1 Strauß Löwenmäulchen
3 Pfingstrosen
2 Lilien
1 Phlox
1 Strauß Wiesenfrauenmantel
2 Mohnblumen
1 Strauß Iris
Hopfenzweige
Rosen
Schönkelch

1 **Vorbereitung:** Mosy so in das Gefäß stecken, daß es fest sitzt (ggf. mit Klebeband befestigen). Bei allen Blumen die unteren Blätter entfernen und Stengel zurückschneiden. Höhe des Straußes am hinteren Rand des Gefäßes mit Rittersporn festlegen.

2 **Blumen stecken:** Mit Löwenmäulchen die Breite bestimmen, dann mit dem Füllen beginnen. Aus Pfingstrosen ein Dreieck bilden. Iris und Gruppen von Wiesenfrauenmantel verleihen dem Strauß Fülle. Achten Sie darauf, daß die Gruppen verschieden groß sind, um Symmetrie zu vermeiden.

3 **Vollendung:** Eine hohe Lilie nicht ganz mittig, eine kürzere ziemlich tief und mittig anordnen. Mohnblumen, Phlox und Schönkelch hinzufügen. Hopfenzweige seitlich so stecken, daß sie eben über den Rand schauen. Rosen am Rand entlang stecken, Stengel nach unten biegen.

▲ ***Herbstlicher Kontrast***
Hortensien, Hagebutten, leuchtend rosa Nerinen und Spindelbaumzweige mit Beeren kontrastieren mit eleganten langstieligen Rosen. Durch die Glasvase werden die Stengel Teil des Straußes.

► ***Leuchtendes Gelb***
Gefüllte gelbe Tulpen, deren Stengel von Zitronen gestützt werden, und mit Bast zusammengehaltene Zweige füllen einen Glaswürfel. Die Tulpenblätter sorgen für Grün, während die Zweige Natürlichkeit schenken.

tip

Konturen beachten
Der Strauß sollte eher ungezwungen und unregelmäßig statt wie eine kompakte Kugel mit harter Kontur wirken. Blumen mehrerer Sorten in verschiedenen Größen liefern eine natürliche Asymmetrie.

Schwimmende Blüten

Zu den einfachsten Blumendekorationen zählen Blüten, die in einer Schale oder einem Teller voll Wasser schwimmen. Ob Sie nun eine Untertasse oder eine große Platte wählen, dieser reizende Tischschmuck ist immer so niedrig, daß sich alle Ihre Gäste bei Tisch sehen können. Kleine Schalen mit schwimmenden Blüten sehen auch auf einem Fensterbrett, einer Frisierkommode oder einem Beistelltisch hübsch aus.

Für diese Dekoration eignen sich nahezu alle Blumen – damit bietet sich eine ideale Möglichkeit, die letzten frischen Blumen eines verwelkten Straußes oder abgebrochene Blüten aus dem Garten weiterzuverwenden. Auch einzelne Blütenblätter oder Blätter, auf dem Wasser schwimmend oder über andere Blüten gestreut, sind sehr dekorativ.

Blüten mit kurzen Stengeln bekommen Halt, wenn die Schale zusätzlich mit Glasmurmeln gefüllt ist. Solche glitzernden Kugeln in einer Glasschale verleihen dem Arrangement einen besonderen Reiz.

Diese Arten von Dekorationen halten sich nicht sehr lange frisch, so daß sie einfach und preisgünstig sein sollten. Ersetzen Sie die Blumen rechtzeitig durch neue, da aufgeweichte Blüten kein schöner Anblick sind.

▲ ***Wiesen- und Gartenblumen***
Blumen mit zierlichen Blüten wie z. B. Mädesüß bilden einen idealen Rahmen z. B. für Glockenblumen, Gänseblümchen, Stiefmütterchen, Pelargonien und Sauerklee. In der unteren Abbildung füllt eine einzelne Blüte eine kleine Schale mit dazwischengesteckten Blumen.

▲ „Zwei in einem“
Ein Schälchen in der Mitte einer großen Platte, beide gefüllt mit rosafarbenen Pelargonien aller Art. Dabei füllen die kleineren Blüten das Schälchen, und die größeren sind locker über die Platte verteilt, so daß deren Dekor stellenweise sichtbar bleibt.

◀ Einfach gestaltete Platte
Dieses frisch und natürlich wirkende Arrangement wurde nur insofern gestaltet, indem die rosa- und die malvenfarbenen Blüten von Rittersporn, Pelargonien und Hortensien nicht gemischt wurden und der hübsche Rand freigelassen wurde.

▶ „Querformat“
Diagonale Streifen aus weißen Hyazinthen und gelben Blüten sowie Blättern von Kerrie auf einer quadratischen Platte ergeben eine fröhliche Dekoration in leuchtenden Farben. Für die Lücken und Ecken wurden kleine Glockenblumen verwendet.

Ein Herbststrauß

Der goldene Herbst ist die richtige Jahreszeit für prächtige selbstgemachte Blumensträuße für Ihr Heim. Und auch ohne Blumen lassen sich beeindruckende Arrangements (vgl. nebenstehende Abb.) zusammenstellen.

„Pot et fleur“, Topfpflanze und Blume, ist die französische Bezeichnung für eine Kombination aus Schnittblumen oder anderen Pflanzen, z. B. frisch geschnittenen Zweigen und Beeren wie in unserem Vorschlag, und beliebten Topfpflanzen zu einem verblüffenden, jedoch nicht unbegrenzt haltbaren Strauß. Bei „Pot et fleur“ liefern die Pflanzen grünes oder buntes Füllmaterial, während Schnittblumen und frisch geschnittene Zweige für Abwechslung sorgen.

Auf diese Weise lassen sich preiswert beeindruckende Sträuße herstellen, da sich die Topfpflanzen immer wieder verwenden lassen und regelmäßig zurückgeschnittene Blumen und Zweige lange frisch bleiben.

Je mehr Topfpflanzen Sie haben, desto größer ist die Auswahl für „Pot et fleur“, also lohnt sich eine ganze Sammlung unterschiedlicher Pflanzen, von denen einige sehr schnell wachsen und damit nahezu umsonst viel Fülle bieten.

▲ ***Ein aufregender Strauß***
Blickfang dieses bunten Straußes ist eine blühende Bromelie. Mit anderen Topfpflanzen sind andere Farbkompositionen möglich, so daß Sie den Strauß immer wieder anders auf Ihre Einrichtung abstimmen können.

Zweige, Blumen und Topfpflanzen

Zweige: Neben den Eichenblättern in unserem Vorschlag eignen sich auch die herbstlich gefärbten Blätter von Felsenbirne, Buche, Haselnuß, Birke, Ahorn und zahlreicher laubwechselnder Azaleen. Sobald sich die Blätter verfärben, können sie jedoch kein Wasser mehr aufnehmen, so daß Sie sie alle paar Tage durch frische Zweige ersetzen müssen. Eine andere Möglichkeit wäre die Verwendung von mit Glyzerin behandelten, herbstlich verfärbten Blättern. Solche Zweige sind vollständig konserviert und müssen nicht durch frische ersetzt werden.

Blumen: Statt der in unserem Beispiel verwendeten Cotoneasterzweige mit Beeren eignen sich auch Feuerdorn, Berberitze, Schneeball, Mahonie und sogar Hagebutten, deren Beeren weiß, gelb, orange- oder rosafarben, scharlachrot, violett und blauschwarz sind. Besonders dramatisch wirken die nackten Zweige des Holzapfelbaums oder der Eberesche. Wenn Sie daneben auch typische Herbstblumen verwenden möchten, wählen Sie Chrysanthemen, verschiedene Lilien, Dahlien und Gladiolen.

Topfpflanzen: Für „Pot et fleur“ eignet sich nahezu jede Topfpflanze mit kleinem Wurzelballen, von Efeu bis hin zu buntblättrigen Begonien und Kroton, Farnen, Bromelie und Buntlippe.

Topfpflanzen der Saison wie Alpenveilchen verbinden den natürlichen Reiz mit wochenlanger Blütenpracht. Vergessen Sie aber auf keinen Fall, die Pflanzen zu gießen und zu düngen, während sie Teil des Arrangements sind. Drehen Sie die Pflanzen regelmäßig, so daß sie sich unter den Temperatur- und Lichtbedingungen erholen können, die zwischen den Blütenphasen am besten für sie geeignet sind.

SO WIRD'S GEMACHT

Dieser zum Betrachter hin orientierte Strauß besteht aus Eichen- und Cotoneasterzweigen aus dem Garten und fünf kleinen Topfpflanzen. Falls Sie keinen Garten haben, fragen Sie Ihren Floristen nach mit Glyzerin behandelten Buchen-, Eichen- und Cotoneasterzweigen. Wildbrombeer- und Holunderzweige sind ebenfalls geeignet.

Achten Sie darauf, daß die Zweige nicht zu buschig sind. Notfalls können Sie auch Topfpflanzen mit Beeren verwenden. Als Gefäß dient hier eine achtseitige orientalische Vase, doch jedes wasserdichte Gefäß mit breiter Öffnung, in dem ein Wurzelballen Platz hat, eignet sich genauso gut. Besonders stilvoll sind Keramiktöpfe oder Weidenkörbe.

Materialien

Orientalische Vase mit breiter Öffnung oder beliebige andere Vase
Mosy und **Torf**
5 Eichen-, 4 Cotoneasterzweige
Kleine Topfpflanzen: 1 mittelgroße Miniaturpalme, 1 mittelgroßer Feigenbaum, 2 Drachenbäume (1 weiß, 1 rosablühend), **1 mittelgroße blühende Bromelie** und **Moos**

1 **Vorbereitung:** Falls das Gefäß sehr tief ist, füllen Sie soviel feuchten Torf oder zurechtgeschnittene Mosy-Stücke hinein, daß der obere Teil des Wurzelballens 2,5 cm unterhalb des Randes liegt.

2 **Topfpflanzen einsetzen:** Topfpflanzen in ihren Töpfen in das Gefäß stellen. Dabei sollten die Palme in der Mitte, der Feigenbaum dahinter, die bunten Drachenbäume rechts und links daneben und die blühende Bromelie schließlich davor angeordnet werden. Bromelie etwas neigen, so daß sie nach vorne schaut und über den Rand hängt.

3 **Mosy hinzufügen:** Zwischen die Töpfe sowie zwischen Topf und Gefäßwand mit Wasser vollgesogene, zurechtgeschnittene Mosy-Stücke stopfen; so bleiben die Töpfe fest stehen, und die Zweige bekommen Halt. Je größer die Mosy-Stücke sind, desto stabiler wird das Arrangement.

4 **Pflanzen einrahmen:** Die fünf Eichenzweige von den untersten Blättern befreien und am Rand entlang in das Mosy stecken. Mosy-Stücke und Töpfe hinten mit längeren und vorn mit kürzeren Zweigen unsichtbar machen.

5 **Vollendung:** Die vier Cotoneasterzweige von den untersten Blättern und Beeren befreien und hier und da zwischen die Eichenzweige in die Mosy-Stücke stecken. Soll das Arrangement ordentlich und professionell aussehen, decken Sie alles mit Moos ab.

Tischdekorationen

Diese wunderschönen Blumenbäumchen wirken immer gut und lassen sich mit viel Freude herstellen. Besonders auffallend sind dunkle Farben, z. B. dunkelrote Rosen und flaschengrüner Efeu. Wenn Sie es weicher und romantischer lieben, wählen Sie zartere Farbtöne und bunten Efeu.

Blumenbäumchen halten sich zwar einige Tage frisch, möchten Sie jedoch länger Freude daran haben, nehmen Sie getrocknete Blumen und Isländisch Moos für den Ballen.

▼ ***Doppelte Freude***
Hübsche Rosenbäumchen machen aus jedem Anlaß ein Fest. Hier schmücken sie einen Beistelltisch bei einer Hochzeit; sie bieten sich jedoch auch bei nahezu allen anderen wichtigen Ereignissen als Blickfang an.

Materialien
Wasserdichter Tontopf
Mosy (1 großer quadratischer Block und 1 mittelgroße Kugel)
Grüner Efeu, möglichst mit Beeren
12 dunkelrote Rosen
Isländisch Moos
Schleierkraut
Gebogener Weidenzweig, muß fest sein
Blattglanz und **Messer**
Mit Draht verstärktes Band und **Blumendraht**

SO WIRD'S GEMACHT

1 **Vorbereitung:** Mosy sich mit Wasser vollsaugen lassen. Topf mit einigen Steinen beschweren und Mosy so darauflegen, daß es über den Topfrand schaut. Weidenzweig an beiden Enden mit einem Messer spitz zuschneiden. Ein Ende in das Mosy drücken und mit fünf haarnadelförmig gebogenen Drahtstücken befestigen. Stellen Sie sicher, daß der Zweig fest steht.

2 **Baumform herstellen:** Mosy-Block mit Moos bedecken und Moos mit haarnadelförmig gebogenem Draht befestigen. Achten Sie darauf, daß Weide und Moos zu diesem Zeitpunkt gut befestigt sind. Kugel fest auf das obere Ende des Zweigs stecken und ebenfalls mit Blumendraht befestigen. Stellen Sie auch hier wieder sicher, daß die Konstruktion hält.

3 **Efeu hinzufügen:** Efeublätter mit den festen Stielen so in die Kugel stecken, daß ein Ring entsteht und die Kugel optisch in zwei Hälften unterteilt wird. In die eine Hälfte Efeu stecken. Nachdem Sie sich davon überzeugt haben, daß es keine großen Lücken gibt, kommt die andere Seite an die Reihe. Draht um die Stiele der Beeren wickeln und diese zwischen die Blätter stecken.

4 Rosen stecken: Vier Rosen so in die Kugel stecken, daß diese optisch in zwei Hälften geteilt wirkt. Dann auf jeder Seite vier Rosen in gleichmäßigem Abstand voneinander und von den Beeren anordnen. Da die Rosenstengel sehr fest sind, müssen sie nicht mit Draht verstärkt werden.

5 Schleierkraut stecken: Bevor die Kugel mit Schleierkraut geschmückt wird, Blätter mit Blattglanz besprühen. Da Schleierkraut sehr zart ist, müssen die Stengel mit Draht verstärkt werden. Für festliche Anlässe nur wenig Schleierkraut verwenden.

6 Fertigstellen: Zuletzt eine Schleife anstecken. Band in vier Schlaufen legen und diese in der Mitte mit Blumendraht umwickeln. Mit zweitem Band den Draht kaschieren, die Enden herunterhängen lassen. Schleife mit den verdrillten Enden des Blumendrahts unten an der Kugel befestigen.

Weitere Gestaltungsmöglichkeiten

Wenn Sie erst einmal ein Blumenbäumchen hergestellt haben, werden Sie feststellen, daß sich dafür alle möglichen frischen und getrockneten Blumen eignen.

Frische Blumen: Obwohl Rosen besonders beliebt sind, läßt sich die Kugel mit allen möglichen anderen Blumen (z. B. Chrysanthemen, Goldlack, Tulpen) gestalten.

Trockenblumen: Sie können auch nahezu alle getrockneten Blumen verwenden; Blumen mit fülligen Blüten (z. B. Rosen, Limonium, Nigella) eignen sich jedoch am besten. Für ein Bäumchen mit Trockenblumen benötigen Sie spezielles Mosy.

Blattwerk: Efeu mit schlicht grünen oder bunten Blättern eignet sich am besten. Schlichter Efeu hat ziemlich dunkle Blätter, so daß Sie eine bunte Variante wählen sollten, wenn das Bäumchen heller wirken soll und Blumen in zarteren Farbtönen gewählt werden. Sehr beliebt sind neben Efeu aber auch Liguster-, Spindelbaum- und Eibenblätter.

Früchte: Beeren, kleine Äpfel und selbst Nüsse eignen sich als dekorative Elemente. Wenn Sie auch die Blätter verwenden, sehen die Arrangements wie Obst- oder Nußbäumchen aus.

Stamm: Für den Stamm lassen sich Äste verschiedener Pflanzen verwenden. Gebogene Weidenzweige sind aufgrund ihrer Form am beliebtesten, die knorrigen Zweige von Wein eignen sich jedoch ebenfalls gut.

Sehr wirkungsvoll ist ein leuchtend bunt lackierter Stamm. Sie können ihn aber auch mit Bändern umwickeln und mit einer hübschen Schleife versehen.

Töpfe: Es gibt jede Menge Töpfe zu kaufen, und jeder Topf wird auf seine Weise zur Wirkung des Bäumchens beitragen. Falls Sie nicht den richtigen Farbton finden können, lackieren Sie den Topf einfach in der passenden Farbe.

► ***Immer wieder Goldlack***
Dieses Bäumchen aus rot, gelb und orangefarben blühendem Goldlack und viel Moos wirkt verblüffend gut vor dem Spiegel auf dem reich verzierten Sideboard. Die brennenden Kerzen verstärken zusätzlich die Lichteffekte im Raum.

◄ ***Kletterrosen***
Bei diesem natürlich wirkenden Rosenbäumchen im Weidenkorb sind Pflanzen mit längeren Stengeln (Geißblatt, Jasmin, Sedum spectabile, Mini-Rosen) verwendet worden.

Blühende Serviettenringe

▲ ***Einfach hübsch***
Dieser entzückende Serviettenring ist ganz einfach herzustellen. Zwei rosa Pfingstrosen und mehrere Lavendelblüten mit Stiel wurden hier mit Draht an einem Ring, wie er bei Weinstöcken benutzt wird, befestigt. Solche Ringe bekommen Sie in fast jeder Gärtnerei.

Ein schön gedeckter Tisch wird Ihren Gästen lange in guter Erinnerung bleiben. Ein paar hübsche Accessoires wie diese selbstgemachten, exquisit wirkenden „blühenden" Serviettenringe machen aus jedem Essen ein Festmahl; für diese Ringe benötigen Sie nichts außer ein paar im Garten gepflückte oder preiswert erstandene Blumen und Blätter.

Planen Sie solche Serviettenringe für eine besondere Gelegenheit, dann stellen Sie sie am besten schon vorher einmal probeweise her, um zu wissen, wie es geht und wieviel Zeit Sie dafür benötigen.

Diese Serviettenringe sollten Sie möglichst erst kurz vor dem Eintreffen Ihrer Gäste herstellen, damit sie nicht schon verwelkt sind, bevor sie bewundert werden können. Sprühen Sie sie mit Wasser ein und legen Sie sie in einer Plastiktüte in den Kühlschrank, so bleiben sie frisch.

Ihr Werk kommt vor allem auf schlichtem Geschirr gut zur Geltung. Besonders weiße Teller eignen sich ausgezeichnet, aber auch Pastelltöne sehen gut aus, sofern sich die Farben von Pflanzen und Geschirr nicht „beißen". Leuchtend buntes Steingutgeschirr ist dagegen sehr ungünstig, weil es möglicherweise die zarteren Farben der Pflanzen in den Hintergrund drängt. Gehen Sie nach dem Decken des Tisches einige Schritte zurück und prüfen Sie, ob nichts von den Ringen ablenkt.

Experimentieren Sie, indem Sie zu Ihren Lieblingsservietten passende Ringe herstellen. Ton in Ton gehaltener Tischschmuck sieht immer gut aus: Rosa Rosenknospen passen wundervoll zu Servietten in hellerem Rosa, während gelbe Servietten ausgezeichnet mit den gelben und orangefarbenen Blüten von Kapuzinerkresse harmonieren. Auch kontrastreiche Kompositionen wie gelbe Servietten und blaue Traubenhyazinthen haben ihren Reiz.

Materialien
90 cm Efeu, in 3 gleich lange Stränge geteilt
Blumendraht

▼ ***Dekorative Blätter***

SO WIRD'S GEMACHT

1 **Ring formen:** Aus einem Efeustrang einen Ring von 20 cm Umfang formen und ein Ende am Ring mit Draht befestigen.

2 **Restlichen Efeu hinzufügen:** Das andere Ende auf der gegenüberliegenden Seite befestigen. Restliche Efeustränge um den Ring wickeln.

3 **Vollendung:** Sobald Sie mit Ihrem Werk zufrieden sind, Efeuring mit Blumendraht zusammenhalten, über die Serviette schieben und Blätter dekorativ anordnen.

Materialien
Gladiolenblüte am Stengel und **Gladiolenblatt,** 30 cm lang
Schere

▼ ***Preiswert und doch stilvoll***

SO WIRD'S GEMACHT

1 **Blatt einweichen:** Weichen Sie ein ausreichend langes Blatt in warmem Wasser ein, dann läßt es sich besser damit arbeiten.

2 **Knoten bilden:** Blatt rund eine Stunde im Wasser liegen lassen, dann gründlich trocknen. Um die Serviette wickeln und locker zum Knoten binden, dabei Blatt nicht beschädigen.

3 **Vollendung:** Blattenden schräg abschneiden, dann Gladiolenblüte durch den Blattring stecken.

Materialien
Schleierkraut, Rittersporn und **Euphorbien** in kleinen Sträußen oder als einzelne Blüten
Grünes Guttaperchaband
Blumendraht, 20 cm lang

SO WIRD'S GEMACHT

1 **Draht vorbereiten:** Blumen auswählen und zurechtschneiden. Band so straff um den Draht wickeln, daß er daran haftet. Drahtende zur Öse formen.

2 **Blumen befestigen:** Die ersten 5 cm des Drahts mit Band umwickeln, dann mit dem Befestigen der Blumen beginnen; dabei jeden Stengel fortlaufend um den Draht wickeln und festbinden.

3 **Vollendung:** Draht auf 12 cm Länge dicht mit Blumen versehen, den Rest mit Band umwickeln. Anschließend den Draht zu einem Ring biegen und schließen.

◀ ***Sommerliche Düfte***

Materialien
18 **Ziergrashalme,** ca. 40 cm lang
Schere

▼ ***Liebesknoten***

SO WIRD'S GEMACHT

1 **Ziergras ordnen:** Gras so ordnen, daß die unteren Enden der Halme einen gleichmäßigen Abschluß bilden. Serviette locker zu einer länglichen Rolle formen.

2 **Ring binden:** Gras vorsichtig zu einem Knoten schlingen; unten müssen die Halme gleichmäßig abschließen, die Spitzen dürfen fächerförmig auseinandergehen.

tip

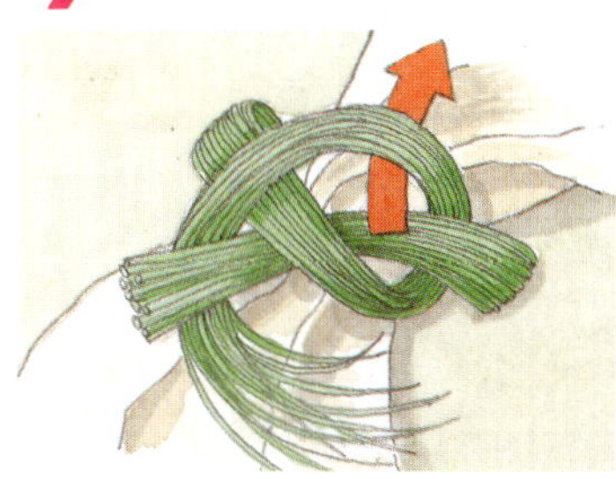

Kunstvoller Knoten
Einen zweiten Knoten über den ersten binden; dazu muß das Gras aber länger sein.

Materialien
Birkenzweige
Blumendraht
Verschiedene **rote Beeren** mit Blättern und 2 oder 3 **Eukalyptusbeeren**
Schere

SO WIRD'S GEMACHT

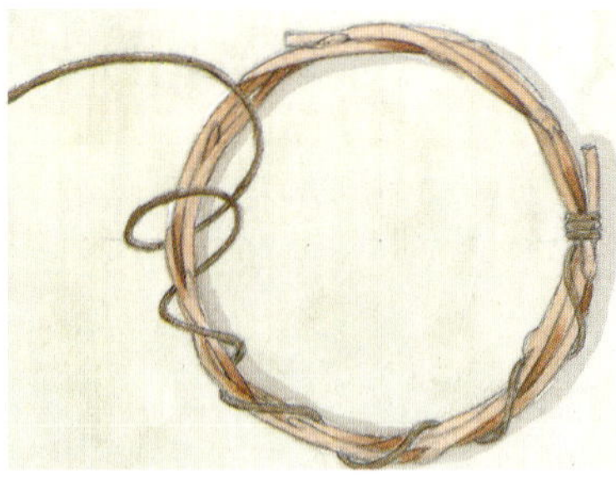

1 **Zweige zum Ring biegen:** Zweige zu einem Ring von passender Größe biegen und diesen dann mit Blumendraht so umwickeln, daß sich die Zweige nicht lösen können.

2 **Zweiten Ring herstellen:** Einen zweiten Ring herstellen und beide Ringe zusammenbinden.

3 **Beeren anordnen:** Beeren und Blätter mit Draht versehen und in Form eines Büschels (12 cm) am Ring befestigen.

4 **Vollendung:** 2 oder 3 Eukalyptusbeeren mit Draht versehen und damit die Lücken füllen. Stellen Sie sicher, daß alles fest sitzt.

tip

Wichtiger Hinweis
Verwenden Sie für den Tischschmuck keine giftigen Pflanzen. Dies gilt insbesondere, wenn Kinder unter den Gästen sind. Als Beeren eignen sich rote und schwarze Johannisbeeren, Blaubeeren, Stachelbeeren, feste Himbeeren und kleine Erdbeeren.

▼ ***Beerenauslese***

Alle lieferbaren Bände der Hobby-Reihe

Jeweils 150-200 farbige Abbildungen